付録

本書の使い方

本書はPartie 1とPartie 2で構成されています。Partie 1でフランス語の約束事を学び、Partie 2でフランス語を話す際の基本型を学びます。各Partieの最後には、エクササイズを用意しました。勉強した内容が身についているか確認しましょう。

Partie 1　フランス語の基本

主にフランス語の表記や文法などの基本ルール、発音、あいさつを学びます。

◆基本フレーズ

フランス語には、独特の表記や男性名詞／女性名詞などのルールがあります。Partie 2で基本型を学ぶ前の大切なステップです。

◆あいさつ

フランス語のあいさつをまとめて紹介しています。フランス語を話す際にはリズムも大事な要素です。CDを聴きながらリズムも学んでください。

◆発音

母音と子音をグループ分けして解説しています。右ページには書き込み欄を設けました。CDを聴きながら、発音と文字が一致するように何度も書いて覚えましょう。

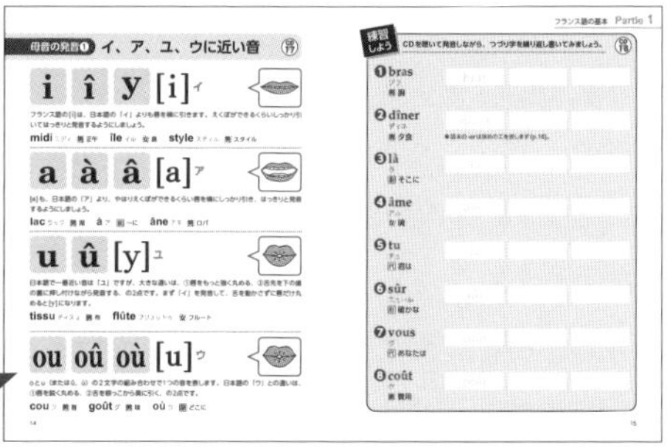

Partie 2　書いて覚える基本型

「私は〜です」「〜ではありません」「〜できます」といった、基本となる型をひとつひとつ学んでいきます。

◆基本型

このLeçonで学ぶ基本型です。文の構成要素を日本語と対比できるように表記しています。

◆学習のポイント

文法などに関する解説です。

◆CD

トラックナンバーを記してあります。

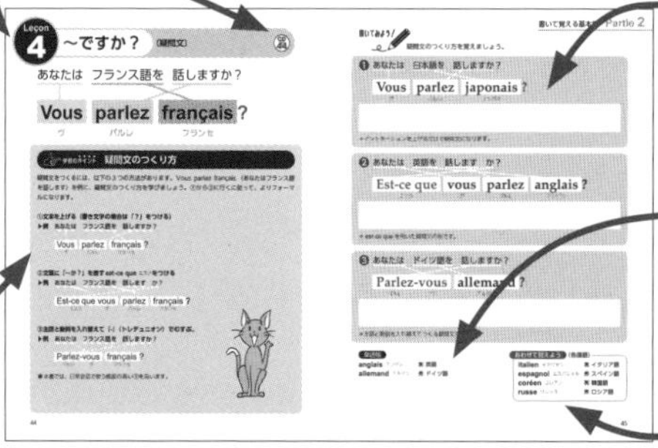

◆書いてみよう！

基本型の単語を置き換えたり、アレンジしたりした例文を3つ（一部2つ）挙げています。書き込み欄に書きながら、CDの音を聴いて覚えましょう。

◆単語帳

このLeçonで新しく登場した単語を掲載しています。

◆あわせて覚えよう

関連する単語をまとめています。一緒に覚えましょう。

CDの使い方…… CDには、Partie 1ではフランス語部分、Partie 2は、左ページ上の基本型と右ページの例文、「単語帳」などが収録されています。CDを聴き、発音しながら書くことで、フランス語を身につけていきましょう。「まとめて単語学習」と付録の「基本動詞の活用」も収録しています。トラックナンバーは、各ページ内の該当部分に記してあります。

ストリーミング再生のご案内

本書付属CDの音声を、ストリーミング再生で聴くことができます。パソコンやスマートフォンなどから、下記URL、またはQRコードにアクセスしてください。

https://www.seibidoshuppan.co.jp/audio/9784415333564

※音声をお聴きになる際の通信費はお客様のご負担となります。

※本サービスは予告なく終了することがありますので、ご了承ください。

- Partie 2 には、Leçon の間に「まとめて単語学習」①②③ を設け、数字や曜日、体の部位など、まとめて覚えたい単語を紹介しています。
- p.108-110 には、よく使う動詞の活用表を掲載しています。

■ 発音表記について

本書では、フランス語の発音を、最も近いと思われるカタカナで表記していますが、完全に音が一致するわけではありません。学習時の手がかりとして参考にしてください。

■ 略語について

代 代名詞　動 動詞　形 形容詞　副 副詞　前 前置詞　接 接続詞

疑 疑問詞　数 数字を表す名詞　男 男性名詞　女 女性名詞

固有 固有名詞　複 複数

■ 単語の後に (e) などの表記をしているものは、語尾に（　）内の文字をつけると女性形になるものです。語尾が大きく変わるものについては、「男性形／女性形」の順序で掲載、読み方のカタカナについても、同様のルールに従って記載しています。CDでも同様の順序で読んでいますが、（　）がついているものも発音が同じなら1回しか読んでいません。

Partie 1

フランス語の基本

まずは、フランス語の文字や発音、
文法について基本事項を学びます。
簡単なあいさつとともに、
フランス語のリズムも身につけましょう。

基本ルール❶ 26のアルファベ

アルファベットのことをフランス語ではアルファベと呼びます。
文字の数は、英語と同じく26あります。

カタカナの発音表記にとらわれず、CDの音をまねて繰り返してみましょう CD 2

A a ア	**B b** ベ	**C c** セ	**D d** デ
E e ウ	**F f** エフ	**G g** ジェ	**H h** アッシュ
I i イ	**J j** ジ	**K k** カ	**L l** エル
M m エンム	**N n** エンヌ	**O o** オ	**P p** ペ
Q q キュ	**R r** エール	**S s** エッス	**T t** テ
U u ユ	**V v** ヴェ	**W w** ドゥブルヴェ	**X x** イクス
Y y イグレック	**Z z** ゼッドゥ		

CDのあとについて、次の略語を読んでみましょう CD 3

CV セ・ヴェ 履歴書（**c**urriculum **v**itae）

ADN ア・デ・エヌ DNA（**A**cide **D**ésoxyribo**N**ucléique）

PDG ペ・デ・ジェ CEO（**P**résident(e)-**D**irecteur/-trice **G**énéral(e)）

基本ルール② つづり字記号

フランス語には、次のようなつづり字記号があります。

CDのあとについて単語を発音してみましょう CD 4

- ´ アクサン・テギュ é …… 例 café カフェ 男 カフェ
- ` アクサン・グラーヴ à è ù …… 例 poème ポエム 男 詩
- ^ アクサン・スィルコンフィレクス â ê î ô û …… 例 château シャト 男 城
- ¨ トレマ ë ï ü …… 例 Noël ノエル 男 クリスマス
- ç セディーユ ç（✱çのみに用いられます）…… 例 garçon ガルソン 男 少年
- ' アポストロフ（✱詳しくは「基本ルール⑥」）…… 例 l'école レコル 女 学校　冠詞la + école
- \- トレデュニオン …… 例 week-end ウィケンドゥ 男 週末

基本ルール③ 読まない文字がある

フランス語には、読まない子音字があります。

CDのあとについて単語を発音してみましょう CD 5

1. 日本語の「ハ」[ha] にあるh音はなく、子音字hは読みません。

hôtel オテル 男 ホテル　　**herbe** エルブ 女 草

2. 語末の母音字eは読みません。語末の子音字も基本的に読みません。

vie ヴィ 女 命、人生　　**dos** ド 男 背中　　**mot** モ 男 語

3. 語末でも、c, f, l, rの4子音字は読まれることの多い文字です。「英語のcarefulという語に含まれる子音」と覚えるとよいでしょう。

lac ラック 男 湖　**bœuf** ブァフ 男 牛　**ciel** スィエル 男 空　**mer** メール 女 海

✱男 女（名詞の男性・女性の区別）については「基本ルール⑦」を参照ください。

基本ルール④ リエゾンで音が復活

単独の語としては読まれない語末の子音字は、母音で始まる単語が続く場合に、読まれることがあります。この現象をリエゾン（liaison）と呼んでいます。

次の例をCDで聴いてみてください　CD 6

Vous　avez　des　enfants?

ヴ**ザ**ヴェ　　デ**ザ**ンファン

あなたは　持っている　何人かの　子供を

（お子さんはいらっしゃいますか？）

vous、desの語末のsは、単独の語としては読まれませんが、次に母音で始まる単語が続き、sが母音にはさまれることによって、[z]という音に読まれます。

＊リエゾンには、必ずしなければいけないものと、してもしなくてもいいものとがあります。本書では、義務的なもの、および起こりやすいリエゾンの位置を └─┘ で示しています。

CDのあとについて、次の語句を読んでみましょう　CD 7

des amis　デ**ザ**ミ　（何人かの）男友だち

deux arbres　ドゥ**ザ**ルブル　2本の木

les États-Unis　レ**ゼ**タ**ズ**ュニ　アメリカ合衆国

un hôpital　ア**ノ**ピタル　（1つの）病院

＊ unは1つの母音で、子音nは含まれていませんが、リエゾンでnが読まれる特殊なケースです。

基本ルール⑤ アンシェヌマンで音がつながる

子音で終わる語に母音で始まる語が続く場合、これらの「子音+母音」をつなげて発音します。これをアンシェヌマン（enchaînement）といいます。enchaînementのもともとの意味は、「鎖（chaîne）のようにつながること」です。

次の例をCDで聴いてみてください　CD 8

Il adore → イ**ラ**ドル

彼は　大好きだ

cette école. → セ**テ**コル

この　学校が

（彼はこの学校が大好きだ）

il adore（彼は大好きだ）とcette école（この学校が）は、「イル　アドル」「セットゥ　エコル」と別々に読まれるのではなく、-lとa-、-tと-éが単語の境界を越えてつながり、「イラドル」「セテコル」と発音されます。アンシェヌマンは、フランス語らしいリズムで話したり、聴き取ったりするために大切なルールなので、常に気をつけるようにしましょう。

✱本書では、アンシェヌマンの位置を ‿ で示しています。

CDのあとについて、次の語句を読んでみましょう　CD 9

seize‿élèves　セ**ゼ**レーヴ　16人の生徒

avec‿huit‿hommes　アヴェ**キュ**イ**ト**ンム　8人の男と一緒に

✱ hで始まる語でも、次の母音字とアンシェヌマンが起きます。

Elle‿a quatre‿enfants.　エ**ラ**カトゥ**ラ**ンファン　彼女には4人の子供がいる。

基本ルール⑥ エリジオンでつながる語がある

いくつかの限られた単語は、次の語が母音字で始まるとき、語末の母音を省きつつアポストロフ（'）で次につながります。この現象をエリジオン（élision）と呼んでいます。

CDのあとについて発音してみましょう

CD 10

le ami → l'ami

ル アミ　　**ラ**ミ

その 男友だち

la amie → l'amie

ラ アミ　　**ラ**ミ

その 女友だち

エリジオンが起こる語は、フランス語全体でも20に満たないですが、その多くはとてもよく用いられる語です。エリジオンはしてもしなくてもよいものではなく、必ずしなければならないものです。

CDのあとについて、次の語句を読んでみましょう

CD 11

je + adore → j'adore 私は 大好きだ

ジュ　アドール　**ジャ**ドール

la + huile → l'huile その オイル

ラ　ユイル　**リュ**イル

＊ h で始まる語でも、前の母音字とエリジオンが起きます。

si + il → s'il もし 彼が

スィ　イル　**スィ**ル

ce + est → c'est これは～です

ス　エ　**セ**

基本ルール⑦ 名詞が男と女に分かれる

フランス語の名詞は、男性名詞か女性名詞のいずれかに決まっています。日本語にないルールなので最初は面倒かもしれませんが、意味を覚えるときに、性も一緒に覚えてしまいましょう。

CDのあとについて発音してみましょう CD 12

soleil ソレィユ 男 太陽

nez ネ 男 鼻

train トゥラン 男 電車

lune リュンヌ 女 月

tête テットゥ 女 頭

voiture ヴワテュール 女 車

もともと性の区別があるものはそれに従います。

garçon ガルソン 男 少年

fille フィーユ 女 少女

基本ルール⑧ 冠詞と形容詞が男性形と女性形を持つ

英語などと同じように、通常、フランス語の名詞には、冠詞（英語でのaやthe）が前につきます。「ある1つの～」という意味を表す不定冠詞の単数形も、名詞の性の区別に対応して、男性形・女性形があります。

CDのあとについて発音してみましょう CD 13

un garçon アン ガルソン （ある1人の）少年

une fille ユヌ フィーユ （ある1人の）少女

形容詞も、多くが男性形・女性形の区別を持ちます。男性形は男性名詞と、女性形は女性名詞とともに用いられ、多くの場合、女性形は男性形にeの文字をつけてつくられます。

vert ヴェール 形 緑色の〈男性形〉

verte ヴェルトゥ 形 緑色の〈女性形〉

基本ルール⑨ 単数・複数を区別する

フランス語では、名詞をはじめ、冠詞、形容詞、動詞の変化において、単数・複数が区別されます。詳しくはPartie 2で学習しますが、ここでは名詞の単数・複数の形の違いを不定冠詞とともに見てみましょう。

CDのあとについて発音してみましょう　CD 14

	単数	複数
男性	**un garçon** アン ガルソン （ある1人の）少年	**des garçons** デ ガルソン （ある何人かの）少年
女性	**une fille** ユヌ フィーユ （ある1人の）少女	**des filles** デ フィーユ （ある何人かの）少女

garçon、filleの例のように、名詞の複数形の多くは、単数形の語尾にsをつけてつくります*。一方、「ある1つの～」を表す不定冠詞は、un（男性形）とune（女性形）でしたが、「あるいくつかの～」を表す複数形には男女の区別がなく、男性名詞にも女性名詞にも同じdesが用いられます。

＊ eu, au, eauで終わる名詞の多くには、sの代わりにxをつけ、alやailで終わる名詞の多くはこれらをauxに置き換えます。

CDのあとについて発音してみましょう　CD 15

gâteau《ガト》 → **gâteaux**《ガト》 男 ケーキ、菓子

animal《アニマル》 → **animaux**《アニモ》 男 動物

travail《トゥラヴァユ》 → **travaux**《トラヴォ》 男 仕事

単数形がs, x, zで終わる単語は、複数形になっても形は変化しません。

un《アン》 **bras**《ブラ》 → **des**《デ》 **bras**《ブラ》

ある1本の腕　　ある何本かの腕

基本ルール⑩ 主語人称代名詞

日本語の「私、君、彼、彼女、…」、英語の「 I、you、he、she、… 」にあたる語（主語人称代名詞）を学びましょう。私（1人称）、話し相手（2人称）、それ以外の人（3人称）の3つの「人称」と、「私／私たち」「あなた／あなたたち」のように「単数・複数」によって以下のように区別されます。

CDのあとについて発音してみましょう

CD 16

je ジュ 私は	**nous** ヌ 私たちは
tu テュ 君は	**vous** ヴ 君たちは
vous ヴ あなたは	**vous** ヴ あなたたちは
il イル 彼は／それは（男性名詞）	**ils** イル 彼らは／それらは（男性名詞）
elle エル 彼女は／それは（女性名詞）	**elles** エル 彼女らは／それらは（女性名詞）

tuは単数の親しく話す相手（君）に用い、vousは①複数の親しく話す相手（君たち）、②単数の丁寧に話す相手（あなた）、③複数の丁寧に話す相手（あなたたち）の3つの意味に用います。vousが、同じ形ながら3つの意味に用いられることに注意しましょう。

3人称では、英語のitにあたる「それ」が男性名詞か女性名詞かでilとelleに分かれます。複数でも同じです。また複数では、女性／女性名詞が含まれていても、1人（もしくは1つ）でも男性／男性名詞が含まれればilsを用います。

母音の発音❶ イ、ア、ユ、ウに近い音

CD 17

i î y [i] イ

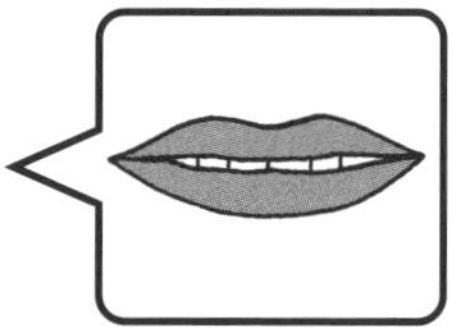

フランス語の[i]は、日本語の「イ」よりも唇を横に引きます。えくぼができるくらいしっかり引いてはっきりと発音するようにしましょう。

midi ミディ 男 正午　**île** イル 女 島　**style** スティル 男 スタイル

a à â [a] ア

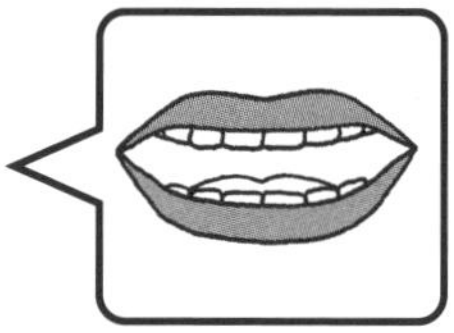

[a]も、日本語の「ア」より、やはりえくぼができるくらい唇を横にしっかり引き、はっきりと発音するようにしましょう。

lac ラック 男 湖　**à** ア 前 〜に　**âne** アヌ 男 ロバ

u û [y] ユ

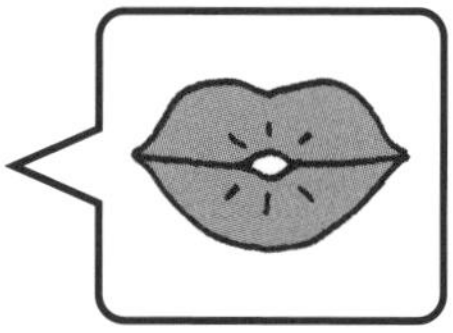

日本語で一番近い音は「ユ」ですが、大きな違いは、①唇をもっと強く丸める、②舌先を下の歯の裏に押し付けながら発音する、の2点です。まず「イ」を発音して、舌を動かさずに唇だけ丸めると[y]になります。

tissu ティスュ 男 布　**flûte** フリュットゥ 女 フルート

ou oû où [u] ウ

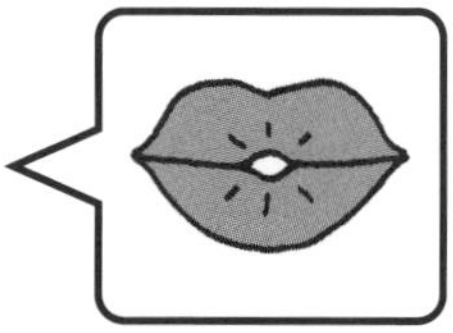

oとu（またはû、ù）の2文字の組み合わせで1つの音を表します。日本語の「ウ」との違いは、①唇を鋭く丸める、②舌を根っこから奥に引く、の2点です。

cou ク 男 首　**goût** グ 男 味　**où** ウ 副 どこに

練習しよう

CDを聴いて発音しながら、つづり字を繰り返し書いてみましょう。 CD 18

❶ bras
ブラ
男 腕
bras

❷ dîner
ディネ
男 夕食
dîner

✱語末の -erは狭めのエを表します(p.16)。

❸ là
ラ
副 そこに
là

❹ âme
アム
女 魂
âme

❺ tu
テュ
代 君は
tu

❻ sûr
スュール
形 確かな
sûr

❼ vous
ヴ
代 あなたは
vous

❽ coût
ク
男 費用
coût

母音の発音❷ 狭いエと広いエ

CD 19

é **-er** **-ez** [e] (狭い) エ

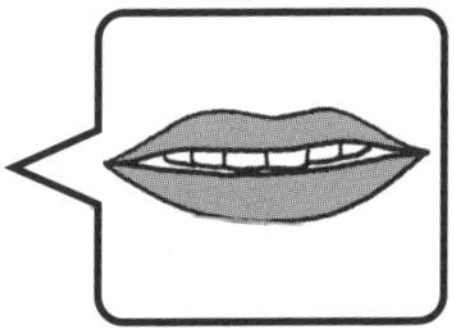

日本語の「エ」よりも、縦の開きが狭く、「イ」に近く聞こえます。日本語よりも口を横にしっかり引いて、はっきりと発音しましょう。

été エテ 男 夏

parler パルレ 動 話す

nez ネ 男 鼻

è **ê** **ai**

ei (語中の2子音字の前の) **e** (語末の読む子音字の前の) **e**

[ɛ] (広い) エ

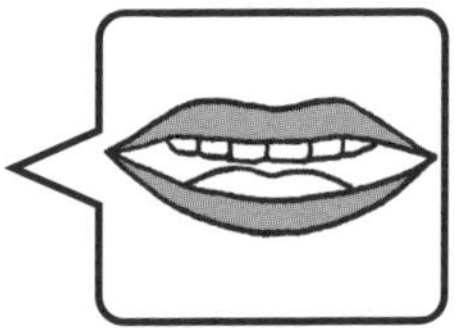

上の[e]より縦の開きがずいぶん広い音です。縦方向の開きでは、日本語の「エ」は、[e]と[ɛ]の中間といえます。2文字の組み合わせai、eiは、èと同じ音を表します。口を横にしっかり引いて、はっきりと発音しましょう。

poème ポエム 男 詩

fête フェットゥ 女 祭

mai メ 男 5月

Seine センヌ 女 セーヌ川

belle ベル 形 美しい

sel セル 男 塩

練習しよう

CDを聴いて発音しながら、つづり字を繰り返し書いてみましょう。 CD 20

❶ chanter
シャンテ
動 歌う

chanter

❷ bébé
ベベ
男 赤ちゃん

bébé

❸ crêpe
クレップ
女 クレープ

crêpe

❹ lait
レ
男 牛乳

lait

❺ neige
ネージュ
女 雪

neige

❻ élève
エレーヴ
男 女 生徒

élève

❼ reste
レストゥ
男 残り

reste

✱2子音の前のeです。

❽ chef
シェフ
男 シェフ

chef

✱語末の読む子音の前のeです。

母音の発音③ 狭いオと広いオ

CD 21

同じ2つのつづりが、異なる2つの音に用いられます。

(語末の、または読まない語末子音字の前の)
eu œu [ø] (縦に狭い) ウゥ

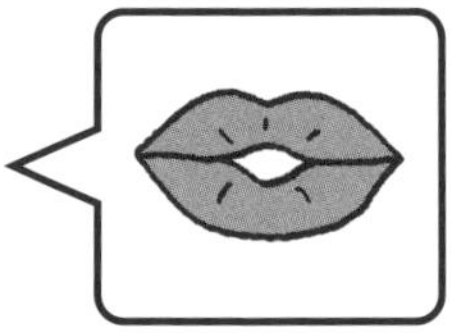

アヒルのくちばしをまねる要領で上唇を緊張させ、平たい台形のようなすき間から音を出します。

bleu ブルゥ 形 青い　**vœux** ヴゥ 男 複 誓い

(読む子音字の前の)
eu œu [œ] (縦に広い) ウァ

上の[ø]同様、上唇をアヒルのくちばしのように緊張させますが、口をもっと縦に開くので、もう少し「ア」に近い音になります。

neuf ヌァフ 数 9　**sœur** スァール 女 姉または妹

(語末の音になる)
o ô au eau [o] (狭い) オ

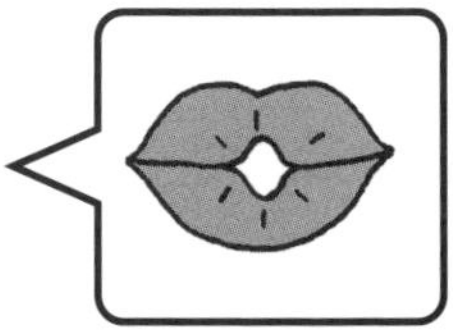

2文字、3文字を組み合わせたau、eauは、語末の音になるoと同じ音を表します。日本語の「オ」よりもずっと鋭く口を尖らせましょう。

mot モ 男 語　**côte** コットゥ 女 海岸　**haut** オ 形 高い　**peau** ポ 女 肌

(語頭・語中の音になる)
o [ɔ] (広い) オ

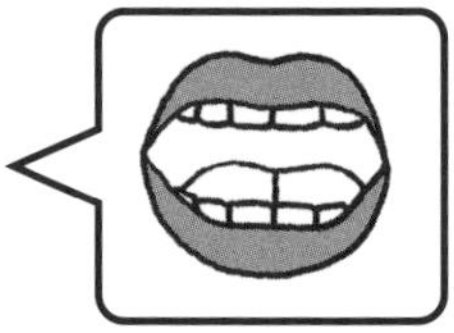

oは語末以外の位置では逆に、日本語の「オ」よりも口を大きく開きます。日本語の「オ」には近いですが、上の狭い「オ」にしてしまうとわかりづらくなるので注意しましょう。

mode モッドゥ 女 流行　**port** ポール 男 港

練習しよう

CDを聴いて発音しながら、つづり字を繰り返し書いてみましょう。 CD 22

❶ feu
フゥ
男 火
feu

❷ seul
スァル
形 ただ1つの
seul

❸ cœur
クァール
男 心臓
cœur

❹ nœud
ヌゥ
男 結び目
nœud

❺ dos
ド
男 背中
dos

❻ sauf
ソフ
前 ～を除いて
sauf

❼ cadeau
カド
男 プレゼント
cadeau

❽ école
エコル
女 学校
école

母音の発音④ あいまい音、ワに近い音 CD 23

eが広い「エ」になるケースをp.16で学びましたが、eの読み方はもう1つあります。

（語中の1つの子音字の前の）
e [ə] （あいまいな）ウ

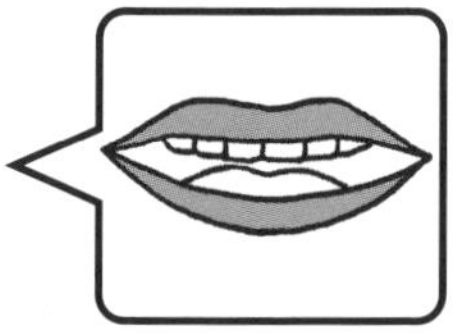

petit プティ 形 小さい

demi ドゥミ 形 半分の

また「基本ルール③」の2で学んだように、語末のeは子音のあとでも母音のあとでも読まれません。

salade サラッドゥ 女 サラダ

Italie イタリ 女 イタリア

母音ではありませんが、母音字の組み合わせの特殊な読み方も1つ覚えましょう。

oi [wa] ワ

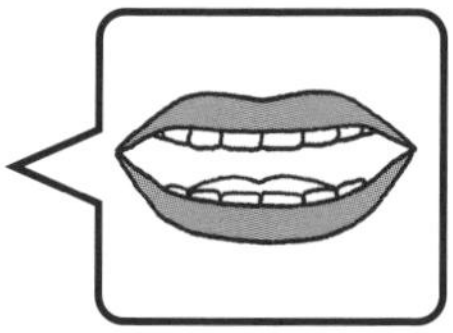

つづりと音がかけ離れていますが、oとiの組み合わせで「ワ」と発音します。最初の子音[w]は日本語の「ワ」よりも、唇を鋭く丸めた形から始めます。

mois ムワ 男 暦の月

oiseau ワゾ 男 鳥

練習しよう

CDを聴いて発音しながら、つづり字を繰り返し書いてみましょう。 CD 24

❶ **record** ロコール 男 記録	record		
❷ **gelée** ジュレ 女 ゼリー	gelée		
❸ **menu** ムニュ 男 定食	menu		
❹ **rue** リュ 女 通り	rue		
❺ **robe** ロッブ 女 ドレス	robe		
❻ **loi** ルワ 女 法律	loi		
❼ **soir** スワール 男 夕方、晩	soir		
❽ **bois** ブワ 男 森	bois		

母音の発音⑤ 3つの鼻母音

CD 25

フランス語には、口だけでなく鼻にも息を通す「鼻母音」と呼ばれる母音が3つあります。ポイントは、母音を発音している間に鼻にも息を抜くこと。母音の後に日本語の「ン」を付け加える方法で代用しがちなので気をつけましょう。なお、鼻母音のつづり字では、mとnは区別しません。

on om [ɔ̃] オン

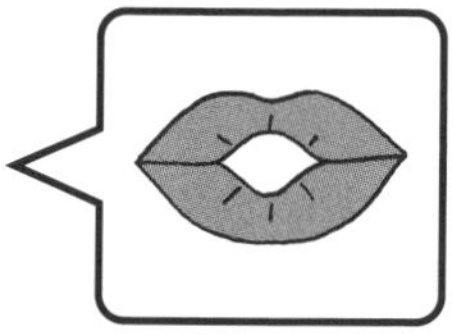

まず日本語の「オ」をやや狭くした唇の形をつくります。そして「オン」と2つの音にするのでなく、「オ」を言うときに、息を鼻にも抜いて1つの音として発音しましょう。

pont ポン 男 橋　**nom** ノン 男 名前

an am en em [ɑ̃] アン／オン

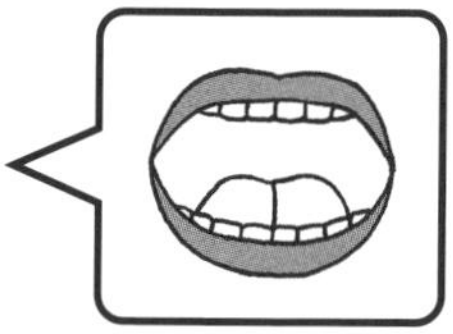

カタカナ表記では「アン」とされることの多い音ですが、CDを聴くとむしろ「オン」に近く聞こえるかもしれません。口の形は、日本語の「ア」をもう少し縦に開くようにするとよいでしょう。

enfant アンファン 男 女 子供　**lampe** ランプ 女 ランプ　**temps** タン 男 時間

in im un um [ɛ̃] アン

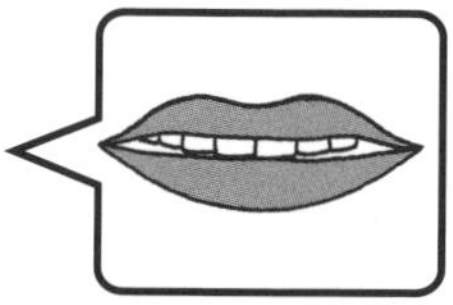

yn ym ain aim ein eim

5通りの母音字(i-、u-、y-、ai-、ei-)は、発音上区別されません。横に強く口を引いて、aを少し横に狭くして鼻に息を向きます。日本語では「アン」に近い音ですが、1つの音として発音しましょう。

matin マタン 男 朝　**un** アン 数 1　**main** マン 女 手

＊m、n、mm、nnが母音字の間にある場合、前の母音字とは切り離して読むので、鼻母音にはなりません。

fin ファン 形 細かい〈男性形〉　**fine** フィンヌ 形 細かい〈女性形〉

練習しよう

CDを聴いて発音しながら、つづり字を繰り返し書いてみましょう。 CD 26

❶ **maison**
メゾン
女 家
maison

❷ **pompe**
ポンプ
女 ポンプ
pompe

❸ **danse**
ダンス
女 ダンス
danse

❹ **enfin**
アンファン
副 ついに
enfin

❺ **simple**
サンプル
形 単純な
simple

❻ **lundi**
ランディ
男 月曜日
lundi

❼ **pain**
パン
男 パン
pain

❽ **teint**
タン
男 顔色
teint

子音の発音❶ gn、ch、l、-il、-ill-

CD 27

gn [ɲ] ニュ

2文字の組み合わせで、日本語の「ニャ」行の子音を表します。

Espagne エスパーニュ 女 スペイン

ch [ʃ] シュ

2文字の組み合わせで、日本語の「シャ」行音に近い音を表します。実際には、日本語よりも舌を少し下げ、唇を丸めて発音します。英語のshで表す音に近い音です。

chat シャ 男 猫　**marché** マルシェ 男 市場

l [l] ル

フランス語のlは、音を出す場所は日本語の「ラ」音と近いですが、「ラ」が軽くはじくのに対し、lは舌を裏の歯茎にべったりとくっつけます。語末では、英語のように舌をつけたまま終わらずに、離すところまでしっかり発音します。

lit リ 男 ベッド　**salle** サル 女 部屋

(母音+)-il (-ail, -eil など)／(母音+)-ill- [j] ユ

母音が前にあると、語末の-il, 語中の-ill-の文字は、日本語の「ヤ」「ユ」「ヨ」の子音「ユ」として発音します。

soleil ソレィユ 男 太陽

travailler トラヴァイエ 動 働く

(子音+)-ill- [ij] イユ

語中の-ill-の文字の前が子音字の場合は、「イユ」と発音します。

fille フィーユ 女 少女

famille ファミーユ 女 家族

練習しよう

CDを聴いて発音しながら、つづり字を繰り返し書いてみましょう。 CD 28

❶ **signe**
スィーニュ
男 記号
signe

❷ **agneau**
アニョ
男 子羊
agneau

❸ **chance**
シャンス
女 幸運
chance

❹ **hôtel**
オテル
男 ホテル
hôtel

❺ **lac**
ラック
男 湖
lac

❻ **conseil**
コンセユ
男 助言
conseil

❼ **détail**
デタユ
男 細部
détail

❽ **bille**
ビーユ
女 ビー玉
bille

子音の発音❷ r、b、v、f

CD 29

r

日本語の「ラ」行音とは、音の出し方も出す場所も大きく異なります。「カ」と「ハ」の間の場所（うがいでふるえる場所）で、痰を出すときのような、こする音を出します（あまり強くしすぎないように気をつけましょう）。rの発音は、大きく次の2通りを区別するとよいでしょう。

[ʁ]

①語頭や母音の間のr

強くこすりすぎず、声を出すことが大切です。

radio ラディオ 女 ラジオ　**opéra** オペラ 男 オペラ

[ʁ̥]

②子音の前後のr、語末のr

弱く、つけ加えるように発音します。声は出しません。

parc パルク 男 公園　**citron** スィトゥロン 男 レモン

hier イェール 副 昨日

---

b [b]

v [v]

f [f]

フランス語のvは日本人の耳には「バ」行の子音に近く聞こえますが、日本語の「バ」行は両唇を使って出す音で、これはフランス語のbに対応します。フランス語のvでは、英語と同様、上の前歯を下唇に軽く乗せて雑音を出します。

bas バ 形 低い〈男性形〉　**vas** ヴァ 動（君は）行く

vとfは前歯と下唇を使う点は共通していますが、fでは声を出さない点が異なっています。

vin ヴァン 男 ワイン　**fin** ファン 女 終わり

練習しよう

CDを聴いて発音しながら、つづり字を繰り返し書いてみましょう。　CD 30

❶ **raison**
レゾン
女 理由
raison

❷ **repos**
ロポ
男 休憩
repos

❸ **fleur**
フルァール
女 花
fleur

❹ **lettre**
レットゥル
女 手紙
lettre

❺ **avis**
アヴィ
男 意見
avis

❻ **billet**
ビイェ
男 切符
billet

❼ **film**
フィルム
男 映画
film

❽ **lavabo**
ラヴァボ
男 洗面台
lavabo

子音の発音③ c、g

CD 31

c **[s]**

cの読み方は、続く母音字の種類によって2通りに分かれます。

①e、iの前→[s]の音
eにつづり字記号がつく場合（é、èなど）も同様です。

glace グラス 女 アイスクリーム　**lycée** リセ 男 高校

çは常に[s]の音で読まれます。

leçon ルソン 女 授業

＊ssは常に[s]ですが、sは母音字にはさまれると[z]になります。

basse バッス 形 低い〈女性形〉　**base** バーズ 女 基盤

[k]

②a、o、uの前→[k]の音
aiやouなどの組み合わせ文字の前でも同様に[k]になります。

caisse ケス 女 箱　**colis** コリ 男 小包　**couteau** クト 男 ナイフ

c以外にquのつづりも、2文字の組み合わせで[k]という1つの音になります。uを発音しないように注意しましょう。quはフランス語ではよく用いられるつづり字です。

quai ケ 男（電車・バスなどの）乗り場　**banque** バンク 女 銀行

---

g **[ʒ]**

gの読み方も、cの場合と同様に2通りあります。

①e、iの前→「ジャ」行の子音に近い音
eにつづり字がつく場合（é、èなど）も同様です。日本語の「ジャ」行の子音との大きな違いは、舌先を裏歯茎につけないことです。

genou ジュヌ 男 ひざ　**congé** コンジェ 男 休暇

[g]

②a、o、uの前→[g]の音
aiやouなどの組み合わせ文字の前でも同様に[g]になります。

gare ガール 女 駅　**gai** ゲ 形 陽気な

guのつづりも、2文字で[g]という1つの音になります。uを発音しないように注意しましょう。

guerre ゲール 女 戦争　**langue** ラング 女 言語

練習しよう

CDを聴いて発音しながら、つづり字を繰り返し書いてみましょう。 CD 32

❶ ceci
ススィ
代 これ

ceci		

❷ ici
イスィ
副 ここ

ici		

❸ cousin
クザン
男 従兄弟

cousin		

❹ quiche
キッシュ
女 キッシュ

quiche		

❺ régime
レジム
男 ダイエット

régime		

❻ ange
アンジュ
男 天使

ange		

❼ gâteau
ガト
男 ケーキ

gâteau		

❽ bague
バグ
女 指輪

bague		

あいさつを覚えよう

フランス語の音とつづりを学んだあとは、あいさつを覚えましょう。

ポイント! フランス語らしく話すにはリズムが大事!

　いくつかの単語からなる意味のまとまりを**リズムグループ**といいます。フランス語の単語には英語のような決まったアクセントがなく、このリズムグループの末尾を強く発音することでリズムをつくります。ここで学ぶあいさつの表現は比較的短いものばかりなので、文全体を1つのリズムグループとして、最後の母音を強めに発音しましょう。文中の母音も、アクセントのない音を英語のように弱めたりはしません。すべての母音をメリハリつけてはっきり発音しながら、ポン・ポン・ポンとテンポよく並べて言うと、フランス語らしく聞こえます。CDをよく聴いて、フランス語のリズムを感じとり、繰り返し練習しましょう。

CD 33

Bonjour!　（こんにちは！）
ボン　**ジュール**
ポン　**ポン**

Bonjour, ça va?　（こんにちは、元気?）
ボン　ジュル　サ　**ヴァ**
ポン　ポン　ポン　**ポン**

Comment allez-vous?　（ごきげんいかがですか?）
コ　マン　タ　レ　**ヴ**
ポン　ポン　ポン　ポン　**ポン**

上の3つのうち、最初の**Bonjour**《ボンジュール》だけ末尾を伸ばす発音になっていますね。フランス語では、リズムグループの末尾にrやzの音が来ると、その前の母音が大きく伸びるという特徴があります。

CD 34 出会ったとき

Bonjour!《ボンジュール》 おはよう！／こんにちは！

Bonjour!

Bonsoir!《ボンスワール》 こんばんは！

Bonsoir!

朝から夕方まで**Bonjour**《ボンジュール》、夕方から夜にかけては**Bonsoir**《ボンスワール》を使います。文末にかけてやや上げるイントネーションは、まだよく知らない人などに使うていねいなもの。一方、高く始めて、文末で下げるイントネーションは、親しい人たちへのリラックスした言い方です。CDで聴き比べながら、それぞれのイントネーションを練習してみましょう。

CD 35 初対面のとき

Je《ジュ》 **m'appelle**《マペル》 **Moe**《モエ》 **Ando**《アンドウ》**.** 安藤もえと言います。

Je m'appelle Moe Ando.

Enchanté(e)!《アンシャンテ》 はじめまして！

Enchanté!

✱男性が言う場合はenchanté、女性が言う場合はenchantéeというつづりになりますが、発音は変わりません。

「はじめまして」にあたる**Enchanté(e)**《アンシャンテ》は、文字通り訳すと「(お会いできて) うれしい」で、名乗ってから言うことが多いです。**Je m'appelle**《ジュ マペル》は「私は～と呼ばれている」の意味で、後ろに自分の名前を続けます。フランスでは名前、苗字の順に並べて言います。

CD 36 別れるとき

Au《オ》 **revoir**《ルヴワール》**!** さようなら！

Au revoir!

Au revoir!オ ルヴワールは、文字通り訳せば「また会うまで」で、一語のようにつなげて発音します。時間帯にかかわりなく一日中使えます。

À《ア》 **plus**《プリュ》 **tard**《タール》**!** またあとで！

À plus tard!

À《ア》 **bientôt**《ビヤント》**!** こんばんは！

À bientôt!

「〜まで」にあたる**à**アには、次に会うまでの期間に合わせてさまざまな語句を続けることができます。

Bonne《ボンヌ》 **journée**《ジュルネ》**!** よい1日を！

Bonne journée!

Bonne《ボンヌ》 **nuit**《ニュイ》**!** おやすみなさい！

Bonne nuit!

Bon《ボン》 **voyage**《ヴォワヤージュ》**!** よい旅行を！

Bon voyage!

Bon/Bonneボン／ボンヌは「よい」という意味で、「おやすみなさい」の**Bonne nuit**ボンヌ ニュイも文字通り訳すと「よい夜を」となります。お店で買い物を終えて出るときに**Bonne journée!**ボンヌ ジュルネと言われたら、ほほえみながら次のように返しましょう。

À《ア》 **vous**《ヴ》 **aussi**《オスィ》**!** あなたも！

À vous aussi!

CD 37 お礼を言う

Merci《メルスィ》! ありがとう！

Merci!

Merci《メルスィ》 beaucoup《ボク》! どうもありがとう！

Merci beaucoup!

「たくさん」を意味する**beaucoup**《ボク》をつけると、Merci! を強めたお礼の表現になります。お礼を言われたときには、次のような簡単な表現が使えます。

De《ドゥ》 rien《リヤン》! どういたしまして！

Da rien!

CD 38 あやまる

Pardon《パルドン》! すみません！

Pardon!

Excusez《エクスキュゼ》-moi《ムワ》! すみません！（ていねいに）

Excusez-moi!

Excuse《エクスキュズ》-moi《ムワ》! ごめん！（親しい間柄で）

Excuse-moi!

これらの表現は、語尾を上げて言うと、人に話しかけたりたずねたりするときの「すみませんが…」という表現としても使えます。

CD 39 調子をたずねる／答える

Vous allez《ヴザレ》 bien《ビヤン》? お元気ですか？

Vous allez bien?

Comment allez《コマンタレ》-vous《ヴ》? 調子はいかがですか？

Comment allez-vous?

それほど親しくない人にも使えるていねいなごきげんうかがいの表現です。
答えるときには次のように言います。

Très《トゥレ》 bien《ビヤン》, merci《メルスィ》, et《エ》 vous《ヴ》? とても元気です、ありがとう、あなたは？

Très bien, merci, et vous?

親しい間柄では、次のようなシンプルなやりとりもします。

Ça《サ》 va《ヴァ》? 元気？

Ça va?

Ça《サ》 va《ヴァ》 bien《ビヤン》, merci《メルスィ》, et《エ》 toi《トワ》? 元気だよ、ありがとう、君は？

Bien, merci, et toi?

CD 40 受け答えをする

Oui《ウィ》. はい。

Oui.

Non《ノン》. いいえ。

Non.

Oui《ウィ》の「ウ」は日本語の「ウ」の発音とは違います。口の中に小さな卵を含ませているようなつもりで口をとがらせて発音しましょう。**Non**《ノン》も日本語の「ノン」とは異なり、鼻にかけて発音します。

Avec《アヴェク》 plaisir《プレズィール》! 喜んで！

Avec plaisir!

Volontiers《ヴォロンチエ》! 喜んで！

Volontiers!

何かを頼まれて快諾するときの表現です。英語のNo problem! にあたる以下の言い方もあります。

Pas《パ》 de《ドゥ》 problème《プロブレム》! 問題ないよ！

Pas de problème!

英語や日本語のいわゆる「OK」は次のように言います。

D'accord《ダコール》! 了解！

D'accord!

Partie 1 復習エクササイズ

①〜④の中で、下線部の発音がほかと異なるものを１つ選びましょう。

	①	②	③	④	
1	**douche** シャワー	**où** どこ	**tu** 君は	**goût** 味	
2	**terre** 土地	**sel** 塩	**poème** 詩	**salade** サラダ	
3	**ça** それ	**six** 6	**glace** アイスクリーム	**cou** 首	
4	**peau** 肌	**mode** 流行	**mot** 語	**aussi** 〜も	
5	**seul** ただ１つの	**sœur** 姉 (妹)	**neuf** 9	**bleu** 青い	
6	**petit** 小さい	**mère** 母	**mai** 5月	**neige** 雪	
7	**lycée** 高校	**stylo** ペン	**soleil** 太陽	**hôtel** ホテル	
8	**temps** 時間	**nom** 名前	**lampe** ランプ	**enfant** 子供	
9	**cousin** いとこ	**quatre** 4	**ici** ここに	**colis** 小包	
10	**bois** 森	**yeux** 目	**lait** 牛乳	**lac** 湖	
11	**simple** 単純な	**fin** 終わり	**danse** ダンス	**pain** パン	
12	**guerre** 戦争	**gare** 駅	**gauche** 左の	**genou** 膝	

※正解と解説は p.111 をご覧ください。

Partie 2

書いて覚える基本型

フランス語を話すときの基本型を書いて覚えます。
CD をよく聴いて、書きながら発音もしてみましょう。
また、語学の基礎は単語です。各レッスンでは、
文法とともに単語も覚えて語彙を増やしましょう。

Leçon 1 ～をお願いします〔不定冠詞と定冠詞〕 CD 41

クロワッサンを　お願いします。

Un《アン》 croissant《クルワサン》, s'il《スィル》 vous《ヴ》 plaît《プレ》.

学習のポイント　名詞の前に置く冠詞は２種類

フランス語では、物や事柄を表す語（名詞）の前に、通常、冠詞をつけます。冠詞には不特定なものにつける**不定冠詞**と、特定されているものにつける**定冠詞**の２種類があり、さらに、後ろの名詞の性に合わせて男性形・女性形の区別があります。名詞が複数の場合は、冠詞も複数形になりますが、複数形は男女共通です。

	不定冠詞		定冠詞	
単数	男 **un**《アン》	女 **une**《ユヌ》	男 **le**《ル》	女 **la**《ラ》
複数	男女 **des**《デ》		男女 **les**《レ》	

ココに注意！
Le、la は母音の前で l' となります（「基本ルール⑥」参照）

▶**例**　Un《アン》 croissant《クルワサン》, s'il《スィル》 vous《ヴ》 plaît《プレ》.　**クロワッサンをお願いします。**

✱特定のものではなく、かつ1つのものなので不定冠詞単数形です。

La《ラ》 carte《キャルトゥ》, s'il《スィル》 vous《ヴ》 plaît《プレ》.　**メニューをお願いします。**

✱なんらかのメニューでなく、「その」お店のものなので定冠詞です。

Des《デ》 bonbons《ボンボン》, s'il《スィル》 vous《ヴ》 plaît《プレ》.　**キャンディをお願いします。**

✱特定のものでも、1粒でもないので不定冠詞複数形です。

Les horaires《レゾレール》, s'il《スィル》 vous《ヴ》 plaît《プレ》.　**時刻表をください。**

✱ horaire「発車時刻」が複数並んだものが horaires「時刻表」です。特定の時刻表を求めているので定冠詞になります。

書いてみよう！

書きながら発音してみましょう。男女と単複の区別に気をつけましょう。

❶ ペンを　お願いします。

Un《アン》 stylo《スティロ》 , s'il《スィル》 vous《ヴ》 plaît《プレ》 .

❷ バゲットを　お願いします。

Une《ユヌ》 baguette《バゲットゥ》 , s'il《スィル》 vous《ヴ》 plaît《プレ》 .

❸ 勘定を　お願いします。

L'addition《ラディスィオン》 , s'il《スィル》 vous《ヴ》 plaît《プレ》 .

単語帳

croissant クルワサン	男 クロワッサン
s'il vous plaît スィル ヴ プレ	お願いします
carte カルトゥ	女 メニュー、カード
bonbon ボンボン	男 キャンディ
horaires オレール	男 複 時刻表
stylo スティロ	男 ペン
baguette バゲットゥ	女 バゲット
addition アディスィオン	女 勘定

Leçon 2 私（たち）は出発します 〔動詞の仕組み〕 CD 42

私は　出発します。　私たちは　出発します。

Je《ジュ》 **pars**《パール》.　**Nous**《ヌ》 **partons**《パルトン》.

学習のポイント　動詞の活用形＝語幹＋語尾

動詞は主語によって形が変わる

フランス語の動詞は、主語の人称と数に従って形が変わります。これを「活用」といい、フランス語学習においては、動詞の活用を覚えることが不可欠です。

フランス語の動詞は不規則に変化するので難しいと思っている人がいるかもしれませんが、実は**本当に不規則に変化するのはêtre、avoir、aller、faire の4つ**しかなく、若干の音やつづりの変則はあるにしろ、ほとんどの動詞は規則的に変化します。

そこで本書では、êtreをはじめ不規則に変化する動詞の前に、まず規則的に変化する**1語幹動詞、2語幹動詞、3語幹動詞**の活用を覚えることで、効率良くフランス語を身につけます。最初のハードルを乗り越えれば、あとが楽になります。ぜひがんばってください。

1～3語幹動詞の違いは何？

動詞は語幹と語尾で成り立っています。大まかにいって、語幹とは動詞の前半部分、語尾は動詞の後半部分です。語尾は主語に合わせて変わりますが、語幹は、主語が何であれまったく変わらない動詞もあれば、主語によって2種もしくは3種持つ動詞もあります。

たとえば、**partir** パルティール「出発する」の場合、主語が単数か複数かで語幹が異なります。

①主語が単数（je「私は」など）・・・・・・・・・・・・・・・・・・・・ **par-** パル

②主語が複数（nous「私たちは」など）・・・・・・・・・・・・・・・ **part-** パルトゥ

このように、**語幹が2種類ある動詞を2語幹動詞**と呼びます。主語が何であっても語幹が変わらない、

↗

書いてみよう!

語幹や語尾の変化に気をつけましょう。

❶ 私は　明日　出発します。

Je《ジュ》 **pars**《パール》 **demain**《ドゥマン》.

❷ 彼女は　今　出発します。

Elle《エル》 **part**《パール》 **maintenant**《マントゥナン》.

単語帳

partir《パルティール》　動 出発する
demain《ドゥマン》　副 明日
maintenant《マントゥナン》　副 今

→

つまり**1種類しかないのが1語幹動詞、3種類あるのが3語幹動詞**です。

そして、これらの語幹に語尾を加えると、動詞の活用形ができあがります。

主語	語幹		語尾	活用形
je（私は）	①**par-**	+	**-s**	→ **pars**
nous（私たちは）	②**part-**	+	**-ons**	→ **partons**

ここでは、2語幹動詞の活用についてごく簡単に説明しましたが、Leçon 3以降で、1語幹動詞、2語幹動詞、3語幹動詞、不規則動詞の活用をそれぞれ詳しく学んでいきます。

Leçon 3 私は日本語を話します 〔1語幹動詞〕 CD 43

私は　日本語を　話します。

Je《ジュ》 parle《パルル》 japonais《ジャポネ》.

学習のポイント　1語幹動詞の活用

まず、最も数が多い1語幹動詞を学びましょう。1語幹動詞の場合、語幹の種類は1つです。原形（活用しない形）の語尾はほとんどが-erですが、-irの場合もあります。parlerを例に活用を覚えましょう。

1語幹動詞parler《パルレ》「話す」の活用

語幹（1種）		語尾	活用形
je	parl-	-e	je parle《ジュ パルル》
tu		-es	tu parles《テュ パルル》
il/elle		-e	il/elle parle《イル／エル パルル》
nous		-ons	nous parlons《ヌ パルロン》
vous		-ez	vous parlez《ヴ パルレ》
ils/elles		-ent	ils/elles parlent《イル／エル パルル》

↑ 1語幹動詞共通です。

活用する語尾のうち、-e、-es、-e、-entは発音しないので、発音されるのは、主語がnousのときの**-ons**《オン》とvousのときの**-ez**《エ》だけです。つまりnousとvousを主語にとるとき以外は語幹だけ発音すればよいので、口に出す場合は難しくありません。

書いてみよう！

主語で変わる動詞の形と発音に注意しましょう。

❶ 彼らは　中国語を　話します。

Ils《イル》 parlent《パルル》 chinois《シヌワ》 .

❷ 私は　少し　フランス語を　話します。

Je《ジュ》 parle《パルル》 un《アン》 peu《プ》 français《フランセ》 .

❸ あなたは　日本語を　上手に　話しますね。

Vous《ヴ》 parlez《パルレ》 bien《ビヤン》 japonais《ジャポネ》 .

その他の１語幹動詞

１語幹動詞には、ほかに次のような動詞があります。それぞれの語幹に左の表の活用語尾をつなぎ合わせて練習しましょう。

		語幹（１種）
aimer《エメ》	愛する	aim-
habiter《アビテ》	住む	habit-
manger《マンジェ》	食べる	mang-（主語が nous のときのみ mange-）
travailler《トゥラヴァイエ》	働く	travaill-

単語帳

parler《パルレ》	動 話す
japonais《ジャポネ》	男 日本語
chinois《シヌワ》	男 中国語
un《アン》 **peu**《プ》	少し
français《フランセ》	男 フランス語
bien《ビヤン》	副 よく、上手に

CD この囲みの単語の音声は、「単語帳」のあとに収録されています。

Leçon 4 ～ですか？〔疑問文〕

CD 44

あなたは　フランス語を　話しますか？

Vous《ヴ》 parlez《パルレ》 français《フランセ》?

学習のポイント　疑問文のつくり方

疑問文をつくるには、以下の３つの方法があります。Vous parlez français.（あなたはフランス語を話します）を例に、疑問文のつくり方を学びましょう。①から③に行くに従って、よりフォーマルになります。

①文末を上げる（書き文字の場合は「？」をつける）

▶例　あなたは　フランス語を　話しますか？

Vous《ヴ》 parlez《パルレ》 français《フランセ》?

②文頭に「～か？」を表す est-ce que エスクをつける

▶例　あなたは　フランス語を　話します　か？

Est-ce que《エスク》 vous《ヴ》 parlez《パルレ》 français《フランセ》?

③主語と動詞を入れ替えて「-」（トレデュニオン）でむすぶ

▶例　あなたは　フランス語を　話しますか？

Parlez《パルレ》-vous《ヴ》 français《フランセ》?

✱本書では、日常会話で使う頻度の高い①を用います。

書いてみよう！

疑問文のつくり方を覚えましょう。

❶ あなたは　日本語を　話しますか？

Vous《ヴ》 **parlez**《パルレ》 **japonais**《ジャポネ》 **?**

＊イントネーションを上げるだけで疑問文になります。

❷ あなたは　英語を　話します　か？

Est-ce que《エスク》 **vous**《ヴ》 **parlez**《パルレ》 **anglais**《アングレ》 **?**

＊ est-ce que を用いた疑問文の形です。

❸ あなたは　ドイツ語を　話しますか？

Parlez《パルレ》**-vous**《ヴ》 **allemand**《アルマン》 **?**

＊主語と動詞を入れ替えてつくる疑問文です。

単語帳

anglais アングレ　男 英語

allemand アルマン　男 ドイツ語

あわせて覚えよう（各国語）

italien イタリヤン　男 イタリア語

espagnol エスパニョル　男 スペイン語

coréen コレアン　男 韓国語

russe リュッス　男 ロシア語

Leçon 5 ～ではありません 〔否定文〕

CD 45

私は　コーヒーが　好きではありません。

Je《ジュ》 n'aime《ネム》 pas《パ》 le《ル》 café《カフェ》.

学習のポイント　否定文のつくり方

否定文をつくるには、動詞をne（母音の前ではn'）とpasの２語ではさみます。

▶例　私は　コーヒーが　好きです。

J'aime《ジェム》 le《ル》 café《カフェ》.

➡　私は　コーヒーが　好きではありません。

Je《ジュ》 n'aime《ネム》 pas《パ》 le《ル》 café《カフェ》.

ココに注意！

ne はエリジオン（「基本ルール⑥」）が起こる語の１つなので注意しましょう

◎「～が好きです」のように、物の種類について話すようなときは、フランス語では英語と違って名詞に定冠詞（Leçon 1参照）をつけます。飲み物など数えないものなら単数形、数えるものなら複数形を用います。

▶例　私は　牛乳が　好きです。

J'aime《ジェム》 **le**《ル》 lait《レ》.

私は　猫が　好きです。

J'aime《ジェム》 **les**《レ》 chats《シャ》.

▶例　私は　犬が　好きではありません。

Je《ジュ》 n'aime《ネム》 pas《パ》 **les**《レ》 chiens《シヤン》.

書いてみよう!

ne にエリジオンが起こる場合に気をつけましょう。

❶ 私は ビールが 好きではありません。

Je《ジュ》 n'aime《ネム》 pas《パ》 la《ラ》 bière《ビエール》.

❷ あなたは 犬が お好きではないですか？

Vous《ヴ》 n'aimez《ネメ》 pas《パ》 les《レ》 chiens《シヤン》?

❸ 私は フランス語を 上手に 話しません。

Je《ジュ》 ne《ヌ》 parle《パルル》 pas《パ》 bien《ビヤン》 français《フランセ》.

単語帳

café	カフェ	男 コーヒー
lait	レ	男 牛乳
chat	シャ	男 猫
chien	シヤン	男 犬
bière	ビエール	女 ビール

あわせて覚えよう（飲み物）

thé	テ	男 茶
vin	ヴァン	男 ワイン
eau	オ	女 水
jus	ジュ	男 ジュース
alcool	アルコル	男 アルコール飲料

Leçon 6

運転します 〔2語幹動詞〕

CD 46

あなたは 運転しますか？

Vous《ヴ》 conduisez《コンデュイゼ》 ?

学習のポイント 2語幹動詞の活用

2種類の語幹を持つ2語幹動詞は、1語幹動詞より数はずっと少ないですが、使用頻度の高いものが多くあります。第1語幹は単数の主語で、第2語幹は複数の主語で用います。conduireを例に活用を学びましょう。

2語幹動詞conduire コンデュイール **「運転する」の活用**

語幹（2種）		語尾	活用形
je	①condui-	-s	je conduis ジュ コンデュイ
tu		-s	tu conduis テュ コンデュイ
il/elle		-t	il/elle conduit イル／エル コンデュイ
nous	②conduis-	-ons	nous conduisons ヌ コンデュイゾン
vous		-ez	vous conduisez ヴ コンデュイゼ
ils/elles		-ent	ils/elles conduisent イル／エル コンデュイーズ

ココに注意！
活用語尾は je、tu、il/elle のみが1語幹動詞と異なります

2・3語幹動詞共通です。

第1語幹は原形の一部であることが多く、第2語幹の多くは第1語幹に子音を1つ加えたものです。活用語尾は、1語幹動詞のときと同様、nous、vous 以外に音はなく、語幹だけを発音します。

書いてみよう！

語幹の使い分けと音の有無に注意しましょう。

❶ 彼女は　週末　運転します。

Elle《エル》 **conduit**《コンデュイ》 **le**《ル》 **week-end**《ウィケンドゥ》 **.**

❷ あなたたちは　運転しませんか？

Vous《ヴ》 **ne**《ヌ》 **conduisez**《コンデュイゼ》 **pas**《パ》 **?**

❸ いいえ、私たちは　運転します。

Si《スィ》 **,** **nous**《ヌ》 **conduisons.**《コンデュイゾン》

＊否定疑問文に肯定で答えるときは oui でなく si を用います。

その他の２語幹動詞

2語幹動詞には、ほかに次のような動詞があります。それぞれの語幹に左の表の活用語尾をつなぎ合わせて練習しましょう。

		語幹（2種）
lire《リール》	読む	①li-　②lis-
finir《フィニール》	終える	①fini-　②finiss-
sortir《ソルティール》	外出する	①sor-　②sort-
dormir《ドルミール》	眠る	①dor-　②dorm-

CD この囲みの単語の音声は、「単語帳」のあとに収録されています。

単語帳

conduire《コンデュイール》 動 運転する
week-end《ウィケンドゥ》 男 週末

Leçon 7 日本から来ています 〔3語幹動詞〕 CD 47

（私は） 日本 から 来ています。

Je viens du Japon.

Je《ジュ》 viens《ヴィヤン》 du《デュ》 Japon《ジャポン》

学習のポイント 3語幹動詞 venir の活用と de+ 定冠詞

3語幹動詞の活用を覚えましょう。2語幹動詞との違いは、ils/elles専用の語幹（第3語幹）があるということだけです。活用語尾は2語幹動詞と変わりません。使うことの多いvenir「来る」で活用を学びましょう。

3語幹動詞venir ヴニール「来る」の活用

語幹（3種）		語尾	活用形
je	①vien-	-s	je viens ジュ ヴィヤン
tu		-s	tu viens テュ ヴィヤン
il/elle		-t	il/elle vient イル／エル ヴィヤン
nous	②ven-	-ons	nous venons ヌ ヴノン
vous		-ez	vous venez ヴ ヴネ
ils/elles	③vienn-	-ent	ils/elles viennent イル／エル ヴィエンヌ

ココに注意！
第1語幹 vien- では、en が例外的に in と同じ発音 [ɛ̃] となります

↑ 2・3語幹動詞共通です。

◎前置詞de（～から）は、後ろに定冠詞le、lesが続く場合はこれらと結合します。国名を言う場合を例に見てみましょう（フランス語では国名に定冠詞がつきます）。

▶**例**

日本から	**du**《デュ》 Japon《ジャポン》	du=de+le	✱Japon は男性名詞なので le。
アメリカから	**des** États-Unis《デゼタズュニ》	des=de+les	✱États-Unis は複数名詞なので les。
フランスから	**de**《ドゥ》 France《フランス》	de	✱女性名詞の国の前では、de のあとの la(l') は省かれます。

書いてみよう！

前置詞の形とともに国の名前も覚えましょう。

❶ あなたは　カナダ　から　来ていますか？

Vous《ヴ》 **venez**《ヴネ》 **du**《デュ》 **Canada**《カナダ》 **?**

❷ いいえ、私は　イギリス　から　来ています。

Non《ノン》 **, je**《ジュ》 **viens**《ヴィヤン》 **d'Angleterre**《ダングルテール》 **.**

❸ 彼らは　中国　から　来ています。

Ils《イル》 **viennent**《ヴィエンヌ》 **de**《ドゥ》 **Chine**《シンヌ》 **.**

その他の３語幹動詞

３語幹動詞には、ほかに次のような動詞があります。それぞれの語幹に左の表の活用語尾をつなぎ合わせて練習しましょう。

		語幹（３種）
boire《ブワール》	飲む	①boi- ②buv- ③boiv-
devoir《ドゥヴワール》	～しなければならない	①doi- ②dev- ③doiv-
recevoir《ルスヴワール》	受け取る	①reçoi- ②recev- ③reçoiv-
tenir《トゥニール》	支える	①tien- ②ten- ③tienn-

単語帳

venir《ヴニール》 動 来る
Japon《ジャポン》 男 日本
États-Unis《エタズユニ》 男 複 アメリカ合衆国
France《フランス》 女 フランス
Canada《カナダ》 男 カナダ
Angleterre《アングルテール》 女 イギリス
Chine《シンヌ》 女 中国

CD この囲みの単語の音声は、「単語帳」のあとに収録されています。

Leçon 8 ケーキを食べます 〔変則3語幹動詞① prendre〕 CD 48

(あなたは) ケーキを 食べますか？

Vous《ヴ》 **prenez**《プロネ》 **du**《デュ》 **gâteau**《ガト》 **?**

学習のポイント 変則的な3語幹動詞① prendre の活用

prendreは、英語のtakeに似て、「取る」「食べる」「飲む」「（電車やバスに）乗る」など多くの意味に使える動詞です。venirと同じ3語幹動詞ですが、il/elleに活用語尾がありません。

変則3語幹動詞①prendre プランドル **「取る」の活用**

	語幹（3種）	語尾	活用形
je	①prend-	-s	je prends ジュ プラン
tu		-s	tu prends テュ プラン
il/elle		----	il/elle prend イル／エル プラン
nous	②pren-	-ons	nous prenons ヌ プルノン
vous		-ez	vous prenez ヴ プルネ
ils/elles	③prenn-	-ent	ils/elles prennent イル／エル プレンヌ

dが語中でも無音となります。

prendreに限らず、語幹が-d/-tで終わるとき、活用語尾-tはなくなります。

◎数えないものを表す名詞の前で、「いくらかの」を表すのが部分冠詞です。後ろの名詞の性に合わせて男女を使い分けます。

男性名詞の前	女性名詞の前
du《デュ》	**de la**《ドゥ ラ》

▶**例** (君は) スープを 飲む？

Tu《テュ》 prends《プラン》 **de la**《ドゥ ラ》 soupe《スップ》 ?

ココに注意！
後ろの名詞が母音で始まるときは、男女とも de l'

書いてみよう！

部分冠詞の３つの形にも注意しましょう。

❶ あなたがたは　魚を　食べますか？

Vous《ヴ》 prenez《プルネ》 du《デュ》 poisson《ポワソン》 ?

❷ いいえ、私たちは　肉を　食べます。

Non《ノン》 , nous《ヌ》 prenons《プルノン》 de《ドゥ》 la《ラ》 viande《ヴィアンドゥ》 .

❸ 彼らは　水を　飲みます。

Ils《イル》 prennent《プレンヌ》 de《ドゥ》 l'eau《ロ》 .

単語帳

prendre プランドゥル　動 取る、食べる、飲む
gâteau ガト　男 ケーキ、菓子
soupe スップ　女 スープ
poisson ポワソン　男 魚
viande ヴィアンドゥ　女 肉

Leçon 9 ～がほしい／～したい 〔変則3語幹動詞② vouloir〕 CD 49

（君は） 眠りたい？

Tu《テュ》 veux《ヴ》 dormir《ドルミール》？

学習のポイント 変則的な3語幹動詞② vouloir の活用

vouloirは後ろに名詞や動詞を伴って、「～がほしい」「～したい」を表します。3語幹動詞の中でも、jeとtuの活用語尾が-sでなく-xとなる点が変則的です。

変則3語幹動詞②vouloir ヴルワール **「～がほしい／～したい」の活用**

語幹（3種）		語尾	活用形
je	①veu-	-x	je veux ジュ ヴ
tu		-x	tu veux テュ ヴ
il/elle		-t	il/elle veut イル／エル ヴ
nous	②voul-	-ons	nous voulons ヌ ヴロン
vous		-ez	vous voulez ヴ ヴレ
ils/elles	③veul-	-ent	ils/elles veulent イル／エル ヴァール

◎vouloirのあとに動詞を続けて「～したい」という意味で使うときは、後ろの動詞を原形にします。

▶例 私たちは 眠りたいです。

Nous《ヌ》 voulons《ヴロン》 **dormir**《ドルミール》.

否定する場合はvouloirをneとpasではさみます。

▶例 私たちは 眠りたくありません。

Nous《ヌ》 **ne**《ヌ》 voulons《ヴロン》 **pas**《パ》 dormir《ドルミール》.

◎名詞を続けて「～がほしい」という意味で使うときには、冠詞に注意しましょう。

▶例 （あなたは）コーヒーがほしいですか？ Vous《ヴ》 voulez《ヴレ》 **du**《デュ》 café《カフェ》?

（私は）車がほしいです。 Je《ジュ》 veux《ヴ》 **une**《ユヌ》 voiture《ヴワテュール》.

書いてみよう!

3つの語幹を正しく発音し分けましょう。

❶ (あなたは) 今 眠りたいですか？

Vous《ヴ》 voulez《ヴレ》 dormir《ドルミール》 maintenant《マントゥナン》?

❷ いえ、(私は) シャワーを 浴びたいです。

Non《ノン》, je《ジュ》 veux《ヴ》 prendre《プランドゥル》 une《ユヌ》 douche《ドゥシュ》.

❸ 彼らは 子供が ほしい。

Ils《イル》 veulent《ヴァル》 des enfants《デザンファン》.

単語帳

vouloir ヴルワール 動 ～がほしい、～したい
dormir ドルミール 動 眠る
voiture ヴワテュール 女 車
douche ドゥシュ 女 シャワー
enfant アンファン 男 女 子供

Leçon 10

～できます 〔変則3語幹動詞③pouvoir〕

CD 50

(私は) カードで 払えますか？

Je《ジュ》 **peux**《プ》 **payer**《ペイエ》 **par**《パル》 **carte**《キャルトゥ》 **?**

学習のポイント 変則的な3語幹動詞③ pouvoir の活用

pouvoirは動詞の原形をあとに伴って、「～できる」を表します。vouloirと同じく、jeとtuの活用語尾が-sでなく-xとなるところだけが変則的な3語幹動詞です。

変則3語幹動詞③pouvoir《プヴワール》 **「～できる」の活用**

語幹（3種）		語尾	活用形
je	①peu-	-x	je peux《ジュ プ》
tu		-x	tu peux《テュ プ》
il/elle		-t	il/elle peut《イル／エル プ》
nous	②pouv-	-ons	nous pouvons《ヌ プヴォン》
vous		-ez	vous pouvez《ヴ プヴェ》
ils/elles	③peuv-	-ent	ils/elles peuvent《イル／エル プァーヴ》

◎tuやvousを主語にした疑問文は、依頼を表すことができます。

▶例 (あなたは) (私に) 塩を 渡してもらえますか？

Vous《ヴ》 pouvez《プヴェ》 me《ム》 passer《パセ》 le《ル》 sel《セル》 ?

◎pouvoirの「～できる」は能力でなく可能性を表します。

▶例 (君は) 今日 料理できる？（＝料理する時間がある？）

Tu《テュ》 **peux**《プ》 cuisiner《キュイズィネ》 aujourd'hui《オジュルデュイ》 ?

能力としての「～できる」を表すのは、2語幹動詞savoir（①sai-, ②sav-）です。

▶例 (君は) 料理できる？（＝料理の仕方を知っている？） Tu《テュ》 **sais**《セ》 cuisiner《キュイズィネ》 ?

書いてみよう！

語幹と活用語尾を正しく選びましょう。

❶ （あなたは） 明日 来られますか？

Vous《ヴ》 pouvez《プヴェ》 venir《ヴニル》 demain《ドゥマン》 ?

❷ いいえ、（私は） 来られません。

Non《ノン》 , je《ジュ》 ne《ヌ》 peux《プ》 pas《パ》 venir《ヴニール》 .

❸ 君は 泳げる？

Tu《テュ》 sais《セ》 nager《ナジェ》 ?

単語帳

pouvoir プヴワール	動	～できる
payer ペイエ	動	払う
par パル	前	～によって
passer パセ	動	手渡す
sel セル	男	塩
cuisiner キュイズィネ	動	料理する
aujourd'hui オジュルデュイ	副	今日
savoir サヴワール	動	（動詞の原形を伴って）～できる
nager ナジェ	動	泳ぐ

あわせて覚えよう （時の表現）

hier イエール	副	昨日
semaine スメンヌ	女	週
mois モワ	男	月
année アネ	女	年
dernier/dernière デルニエ／デルニエール	形	前の
prochain(e) プロシャン／プロシェンヌ	形	次の

まとめて単語学習❶

数字①……1から10まで

CD 51

● 数字は日常会話によく登場します。 まとめて覚えてしまいましょう。

1	**un**	アン	un	
2	**deux**	ドゥ	deux	
3	**trois**	トゥルワ	trois	
4	**quatre**	カトル	quatre	
5	**cinq**	サンク	cinq	
6	**six**	スィス	six	
7	**sept**	セットゥ	sept	
8	**huit**	ユイットゥ	huit	
9	**neuf**	ヌァフ	neuf	
10	**dix**	ディス	dix	

ココに注意！
six、sept、huit、dix は、単独で発音するとき t、X を読みます

● 数字のあとに名詞が続く場合も練習してみましょう。通貨単位ユーロ（euro ウロ）の場合で練習します。リエゾンやアンシェヌマンに気をつけましょう。

✱ euro が単数なのはもちろん un のときだけです。

1ユーロ　**un euro** アヌロ

2ユーロ　**deux euros** ドゥズロ

3ユーロ　**trois euros** トゥルワズロ

4ユーロ　**quatre euros** カトゥルロ

5ユーロ　**cinq euros** サンクロ

6ユーロ　**six euros** スィズロ

7ユーロ　**sept euros** セトゥロ

8ユーロ　**huit euros** ユイトゥロ

9ユーロ　**neuf euros** ヌァフロ

10ユーロ　**dix euros** ディズロ

✱ six、dix は、x を [z]《ズ》でリエゾンしています。

数字②……11から60まで

CD 52

● 14、15のqu-は2文字 で[k]の発音。 17、18、19のdix-の発音は、ディスとディズの2通りになるので注意しましょう。 22以上は、vingtと1桁の数字を -（ハイフン）でつなぎます。また、vingtの末尾のtは読むことをお忘れなく。 30、40、50台の数字のつくり方は20台と同じで、31はtrente‿et un、32はtrentre-deux……のようになります。

11	**onze** オンズ	onze	
12	**douze** ドゥズ	douze	
13	**treize** トゥレズ	treize	
14	**quatorze** カトルズ	quatorze	
15	**quinze** カンズ	quinze	
16	**seize** セズ	seize	
17	**dix-sept** ディセットゥ	dix-sept	
18	**dix-huit** ディズュイットゥ	dix-huit	
19	**dix-neuf** ディズヌァフ	dix-neuf	
20	**vingt** ヴァン	vingt	
21	**vingt et un** ヴァンテアン	vingt et un	
22	**vingt-deux** ヴァントゥドゥ	vingt-deux	
23	**vingt-trois** ヴァントゥトゥロワ	vingt-trois	
30	**trente** トゥラントゥ	trente	
40	**quarante** カラントゥ	quarante	
50	**cinquante** サンカントゥ	cinquante	
60	**soixante** スワサントゥ	soixante	

Leçon 11

私は学生です 〔不規則動詞 être〕

CD 53

あなたは 学生 ですか？

Vous êtes《ヴゼットゥ》 **étudiant**《エトゥディアン》**?**

Vous êtes《ヴゼットゥ》 **étudiante**《エトゥディアントゥ》**?**

学習のポイント 不規則動詞 être の活用

「〜である」を表すêtreは、活用がとても不規則な動詞です。主語と一緒に声に出しながら覚えてしまいましょう。リエゾンやアンシェヌマン（「基本ルール④⑤」参照）に注意してください。

être《エートゥル》 **「〜である」の活用**

私は	**je**《ジュ》 **suis**《スュイ》	私たちは	**nous**《ヌ》 **sommes**《ソンム》
君は	**tu**《テュ》 **es**《エ》	君たちは／あなた（たち）は	**vous êtes**《ヴゼットゥ》
彼は	**il est**《イレ》	彼らは	**ils**《イル》 **sont**《ソン》
彼女は	**elle est**《エレ》	彼女らは	**elles**《エル》 **sont**《ソン》

◎職業・身分を表す名詞には、男性形と女性形を持つものがあります。êtreと一緒に使う機会も多いので、覚えておきましょう。

▶例 彼は 学生 です。

Il est《イレ》 **étudiant**《エトゥディアン》.

彼女は 学生 です。

Elle est《エレ》 **étudiante**《エトゥディアントゥ》.

ココに注意！ 単に職業や身分を表すときには名詞に冠詞をつけません

◎êtreは、英語のbe動詞のように「〜がいる／ある」の意味にも用います。

▶例 彼女は 庭に います。

Elle **est**《エレ》 dans《ダン》 le《ル》 jardin《ジャルダン》.

書いてみよう!

主語に応じた形を正しく選びましょう。

1 彼女は 女優 です。

Elle est《エレ》 actrice《アクトゥリス》.

2 君は 歌手 なの？

Tu《テュ》 es《エ》 chanteuse《シャントゥーズ》?

3 いえ、私は ダンサー です。

Non《ノン》, je《ジュ》 suis《スュイ》 danseuse《ダンスーズ》.

単語帳

être《エートゥル》 動 ～である、～がいる、～がある

étudiant(e)《エトゥディアン（トゥ）》 男 女 学生

dans《ダン》 前 ～の中に

jardin《ジャルダン》 男 庭

acteur/actrice《アクトァール／アクトゥリス》 男 女 俳優

chanteur/chanteuse《シャントァール／シャントゥーズ》 男 女 歌手

danseur/danseuse《ダンスァール／ダンスーズ》 男 女 ダンサー

✱語末の -euse では、eu の発音は狭いウゥ [ø] になります。

Leçon 12 彼女は素敵です 〔述語形容詞〕

CD 54

彼女は 素敵 です。

Elle《エレ》 **est** **charmante**《シャルマントゥ》.

学習のポイント 述語になる形容詞

述語となる形容詞は、主語と性・数を一致させます。女性形の多くは、男性形にeをつけてつくります。

▶例 彼は 素敵 です。

Il《イレ》 est charmant《シャルマン》.

彼女は 素敵 です。

Elle《エレ》 est charmante《シャルマントゥ》.

主語が複数なら形容詞も複数形にします。

▶例 彼らは 素敵 です。

Ils《イル》 sont《ソン》 charmants《シャルマン》.

彼女らは 素敵 です。

Elles《エル》 sont《ソン》 charmantes《シャルマントゥ》.

単数がsで終わっていれば複数はそのままです。

◎女性形には、男性形にeをつけるだけでなくその前のつづりを変えるものもあります。男性形がeで終わる形容詞は女性形も同形です。

▶例

	男性形	女性形
幸せな	heureux《ウルウ》	heureu**se**《ウルウズ》

	男性・女性形
若い	jeun**e**《ジュンヌ》

書いてみよう！

形容詞の男性形と女性形のつづりや音に違いに注意しましょう。

① 彼女は 幸せ です。

Elle est《エレ》 heureuse《トゥルウズ》.

② 彼は 親切 です。

Il est《イレ》 gentil《ジャンティ》.

＊ gentil は例外的に語末の l が無音です。

③ 彼らは 若い です。

Ils《イル》 sont《ソン》 jeunes《ジュンヌ》.

単語帳

- **charmant(e)** シャルマン（トゥ） 形 すてきな
- **heureux/heureuse** ウルウ（ズ） 形 幸せな
- **jeune** ジュンヌ 形 若い
- **gentil/gentille** ジャンティ／ジャンティーユ 形 親切な

あわせて覚えよう（形容詞）

- **petit(e)** プティ（ットゥ） 形 小さい、小柄な
- **gros(se)** グロ（ッス） 形 太った
- **grand(e)** グラン（ドゥ） 形 大きい、背が高い
- **joli(e)** ジョリ 形 かわいい、きれいな
- **beau/belle** ボ／ベル 形 美しい
- **sympathique** サンパティック 形 感じのよい
- **fatigué(e)** ファティゲ 形 疲れた

Leçon
13 私の～です 〔所有形容詞〕

CD 55

(これは) 私の 母 です。

C'est《セ》 ma《マ》 mère《メール》.

学習のポイント 所有を表す形容詞と C'est/Ce sont

「私の～」など、所有を表す形容詞は、後ろに続く名詞の性と数に従って次のように変化します。

	男性単数	女性単数	複数（男女共通）
私の	**mon**《モン》	**ma**《マ》	**mes**《メ》
君の	**ton**《トン》	**ta**《タ》	**tes**《テ》
彼／彼女の	**son**《ソン》	**sa**《サ》	**ses**《セ》
私たちの	**notre**《ノトゥル》		**nos**《ノ》
あなた（たち）の／君たちの	**votre**《ヴォトゥル》		**vos**《ヴォ》
彼（女）らの	**leur**《ルァール》		**leurs**《ルァール》

「私の・君の・彼／彼女の」の女性単数形ma、ta、saは、母音の前では男性形のmon、ton、sonになります。

▶例 私の男友だち 私の女友だち

mon ami《モナミ》 mon amie《モナミ》

ココに注意！ ma amie ではありません

◎「これ」「これら」はどちらもceです。エリジオンが起きて、母音の前ではc'となります（「基本ルール⑥」参照）。

▶例 (これは) 私の 兄／弟 です。 (これらは) 私の 兄／弟たち です。

C'est《セ》 mon《モン》 frère《フレール》. Ce《ス》 sont《ソン》 mes《メ》 frères《フレール》.

✱ ce は日本語の「あれ（ら)」「それ（ら)」の意味にも用いられます。

書いてみよう!

「～の」は名詞に合わせて性と数を変えましょう。

❶ (これは) 誰 ですか?

C'est《セ》 **qui**《キ》 **?**

❷ (これは) 私の 父 です。

C'est《セ》 **mon**《モン》 **père**《ペール》 **.**

❸ (これらは) 私の 姉妹 です。

Ce《ス》 **sont**《ソン》 **mes**《メ》 **sœurs**《スァール》 **.**

単語帳

ce/c'《ス》 代 これ (ら)、それ (ら)、あれ (ら)
mère《メール》 女 母
ami(e)《アミ》 男 女 友だち
frère《フレール》 男 兄弟
qui《キ》 代 誰
père《ペール》 男 父
sœur《スァール》 女 姉妹

Leçon 14 私のです 〔強勢形代名詞と指示形容詞〕

CD 56

（これは） 僕の だよ、この かばん。

C'est à《セタ》 moi《ムワ》, ce《ス》 sac《サック》.

学習のポイント 「私」を表す代名詞と指示形容詞

C'est à moi.「私のです」では、前置詞のà「〜に」が所属を表します。àなどの前置詞のあとでは、「私」などの代名詞は、主語のときとは異なる強勢形と呼ばれる形になるので、注意しましょう。

私 **moi**《ムワ》	君 **toi**《トゥワ》	彼 **lui**《リュイ》	彼女 **elle**《エル》
私たち **nous**《ヌ》	あなた（たち）／君たち **vous**《ヴ》	彼ら **eux**《ウゥ》	彼女たち **elles**《エル》

強勢形は、主語でも目的語でもない、ほかの場所にも現れます。

▶例 これは 僕 だよ。

C'est《セ》 moi《ムワ》.

▶例 私 も。

Moi《ムワ》 aussi《オスィ》.

◎物や場所を示す指示形容詞「この、その、あの」は、後ろの名詞が単数のとき、その性に従って男性形と女性形に分かれます。

	男性	女性
単数	**ce**《ス》（母音の前では cet）	**cette**《セットゥ》
複数	**ces**《セ》	

▶例

このペン
ce《ス》 stylo《スティロ》

このコンピュータ
cet ordinateur《セトルディナトァール》

この筆箱
cette《セットゥ》 trousse《トゥルッス》

これらの靴
ces《セ》 chaussures《ショスュール》

主語のce（それ）は、最後に言われるce sacを先取りしています。

C'est à《セタ》 moi《ムワ》, ce《ス》 sac《サック》.

書いてみよう！

強勢形はよく用いられる形なので使いこなせるようになりましょう。

❶ （それは） 誰の ですか、この 携帯は？

C'est à《セタ》 qui《キ》 , ce《ス》 portable《ポルターブル》 ?

❷ （それは） 彼の です。

C'est à《セタ》 lui《リュイ》 .

❸ これらの 靴下は 彼女の です。

Ces《セ》 chaussettes《ショセットゥ》 sont à《ソンタ》 elle《エル》 .

単語帳

sac《サック》 男 バッグ、かばん
à《ア》 前 ～に、～へ
aussi《オスィ》 副 ～も
ordinateur《オルディナトァール》 男 コンピュータ
trousse《トゥルッス》 女 筆箱
chaussure《ショスュール》 女 靴
portable《ポルターブル》 男 携帯
chaussette《ショセットゥ》 女 靴下

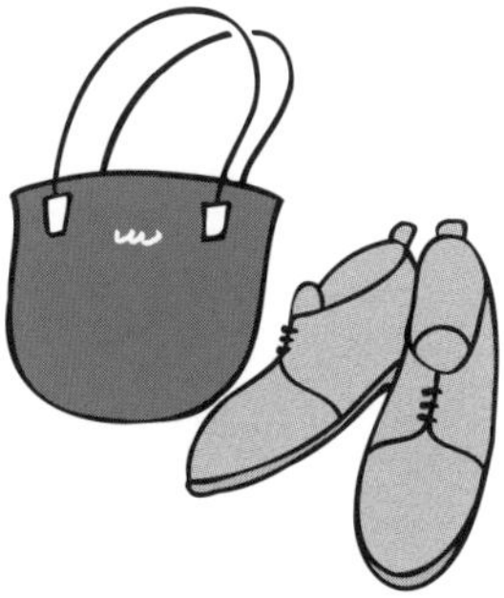

Leçon 15 緑のジャケット 〔付加形容詞〕

CD 57

私は 緑の ジャケットを 探しています。

Je《ジュ》 **cherche**《シェルシュ》 **une**《ユヌ》 **veste**《ヴェストゥ》 **verte**《ヴェルトゥ》**.**

学習のポイント 名詞を修飾する形容詞の使い方

名詞を修飾する形容詞は、名詞の後ろに置きます。性・数を修飾する名詞に一致させるのは、述語形容詞の場合と同じです。

▶例 緑のズボン
un《アン》 pantalon《パンタロン》 vert《ヴェール》

緑のスカート
une《ユヌ》 jupe《ジュップ》 verte《ヴェルトゥ》

ただし、よく使われる形容詞のいくつかは、名詞の前に置かれます。

▶例 （1 軒の） よい レストラン
un《アン》 bon《ボン》 restaurant《レストラン》

（1 台の） 新しい 車
une《ユヌ》 nouvelle《ヌヴェル》 voiture《ヴワテュール》

名詞の前に置かれる形容詞の男性形は、母音の前で形が変わることがあります。

▶例 （1 冊の） 新しい ノート
un《アン》 nouveau《ヌヴォ》 cahier《カイエ》 ➡

（1 台の） 新しい コンピュータ
un《アン》 nouvel ordinateur《ヌヴェロルディナトゥアール》

◎名詞が複数形のとき、前に置かれる形容詞の前では冠詞はdesでなくdeになります。

▶例 （いくつかの） 赤い スカート
des《デ》 jupes《ジュップ》 rouges《ルージュ》 ➡

（いくつかの） きれいな 赤い スカート
de《ドゥ》 jolies《ジョリ》 jupes《ジュップ》 rouges《ルージュ》

書いてみよう！

発音しながら書いてみましょう。

❶ 私は　この　黒い　スカートを　試します。

J’essaye《ジェセイ》 cette《セットゥ》 jupe《ジュップ》 noire《ヌワール》.

❷ 私は　新しい　靴が　ほしいです。

Je《ジュ》 veux《ヴ》 de《ドゥ》 nouvelles《ヌヴェル》 chaussures《ショスュール》.

❸ 君は　この　黄色い　かばんに　する？

Tu《テュ》 choisis《シュワズィ》 ce《ス》 sac《サック》 jaune《ジョンヌ》?

単語帳

chercher シェルシェ	[動] 探す
veste ヴェストゥ	[女] ジャケット
vert(e) ヴェール／ヴェルトゥ	[形] 緑の
pantalon パンタロン	[男] ズボン
jupe ジュップ	[女] スカート
bon(ne) ボン（ヌ）	[形] よい
restaurant レストラン	[男] レストラン
nouveau/nouvelle ヌヴォ／ヌヴェル	[形] 新しい
cahier カイエ	[男] ノート
rouge ルージュ	[形] 赤い
essayer エッセイエ	[動] 試す
noir(e) ヌワール	[形] 黒い
choisir シュワズィール	[動] 選ぶ
jaune ジョンヌ	[形] 黄色の

Leçon 16 ～を持っています 〔不規則動詞 avoir〕 CD 58

私は　車を　持っています。

J'ai《ジェ》 une《ユヌ》 voiture《ヴワテュール》.

学習のポイント 不規則動詞 avoir の活用

êtreと並んでよく使う動詞がavoir「持っている」です。「（兄弟や姉妹が）いる」「～がある」のほか、年齢や「暑い・寒い」「おなかが空いている」など自分の感覚について言うときにも使える便利な動詞ですが、活用が非常に不規則なので、繰り返し発音練習と書き取りをして覚えましょう。

avoir《アヴワール》 **「持っている」の活用**

私は	**j'ai**《ジェ》	私たちは	**nous avons**《ヌザヴォン》
君は	**tu**《テュ》 **as**《ア》	君たちは／あなた（たち）は	**vous avez**《ヴザヴェ》
彼は	**il a**《イラ》	彼らは	**ils ont**《イルゾン》
彼女は	**elle a**《エラ》	彼女らは	**elles ont**《エルゾン》

▶**例**　（私は）　暑さを　持っています。＝暑いです。

J'ai《ジェ》 chaud《ショ》.

ココに注意！
avoir が「暑さ」などの感覚を表す名詞をとるとき、冠詞はつけません

私は　空腹を　持っています。＝おなかが空いています。

J'ai《ジェ》 faim《ファン》.

（彼女は）　20年を　持っています。＝20歳です。

Elle a《エラ》 vingt ans《ヴァンタン》.

書いてみよう！

エリジオン、アンシェヌマン、リエゾンに気をつけましょう。

1 私は　かさを　持っています。

J'ai《ジェ》 **un**《アン》 **parapluie**《パラプリュイ》 **.**

2 私は　兄弟を　持っていません。＝兄弟がいません。

Je《ジェ》 **n'ai**《ネ》 **pas**《パ》 **de**《ドゥ》 **frère**《フレール》 **.**

＊ avoir をはじめ目的語を持つ動詞の文を否定形にして「～を～しない」と言う場合、目的語の名詞につける不定冠詞、部分冠詞は de(d') に変えます。具体的には un、une、des、du、de la、de l' の６つです。

3 あなたは　どの年齢を　持っていますか？＝何歳ですか？

Vous avez《ヴザヴェ》 **quel âge**《ケラージュ》 **?**

＊ quel は「どの」を表す疑問の形容詞です。年齢を答えるときには an（年）を用いますが、年齢をたずねるときは âge（年齢）を用います。

単語帳

avoir アヴワール　動 持っている
chaud ショ　名 暑さ
faim ファン　男 空腹
an アン　男 年、～歳
parapluie パラプリュイ　男 かさ
quel(le) ケル　疑 何の、どの
âge アージュ　男 年齢

あわせて覚えよう（avoir と組み合わせる表現）

soif スワフ　男 のどの渇き
sommeil ソメイユ　男 眠気
froid フルワ　男 寒さ

Leçon 17

～に行きます〔不規則動詞 aller〕

CD 59

私は 美術館に 行きます。

Je《ジュ》 **vais**《ヴェ》 **au**《オ》 **musée**《ミュゼ》.

学習のポイント 不規則動詞 aller の活用と前置詞 à

aller「行く」はaimerのように-erで終わりますが、活用が不規則です。nousとvous以外では、vで始まり、avoirの活用と同じ母音が続きます。

aller《アレ》**「行く」の活用**

私は	**je**《ジュ》 **vais**《ヴェ》	私たちは	**nous allons**《ヌザロン》
君は	**tu**《テュ》 **vas**《ヴァ》	君たちは／あなた（たち）は	**vous allez**《ヴザレ》
彼は	**il**《イル》 **va**《ヴァ》	彼らは	**ils**《イル》 **vont**《ヴォン》
彼女は	**elle**《エル》 **va**《ヴァ》	彼女らは	**elles**《エル》 **vont**《ヴォン》

◎Leçon 14で所属「～に」を表した前置詞àは、方向「～へ」も意味します。前置詞àは、後ろに定冠詞le、lesが続く場合はこれらと結合します。àに国が続く場合は、de+定冠詞（Leçon 7参照）と同様、女性名詞に注意しましょう。

▶**例**

日本に	**au**《オ》 Japon《ジャポン》	au=à+le	✱ Japonは男性名詞なのでle。
アメリカに	**aux** États-Unis《オゼダズュニ》	aux=à+les	✱ États-Unisは複数名詞なのでles。
フランスに	**en**《アン》 France《フランス》	en	✱ Franceのような女性名詞の国の前では、à laの代わりに前置詞enを用います。

ココに注意！
la, l' とはつながりません

書いてみよう！

aller の活用では、v のあとの母音に注意しましょう。

❶ 彼女は　フランスに　行きますか？

Elle《エル》 **va**《ヴァ》 **en**《アン》 **France**《フランス》 **?**

❷ 私は　電車で　学校に　行きます。

Je《ジュ》 **vais**《ヴェ》 **à**《ア》 **l'école**《レコル》 **en**《アン》 **train**《トラン》 **.**

❸ 調子はよいですか？

Vous allez《ヴザレ》 **bien**《ビヤン》 **?**

＊ aller を使った慣用句です。あいさつとしてよく使われるので覚えておきましょう。

単語帳

aller アレ	動	行く
musée ミュゼ	男	美術館
école エコル	女	学校
train トラン	男	電車

あわせて覚えよう（交通手段）

métro メトゥロ	男	地下鉄
bus ビュス	男	バス
avion アヴィヨン	男	飛行機
bateau バト	男	船
vélo ヴェロ	男	自転車
moto モト	女	バイク
à pied ア ピエ		徒歩で

▶まとめて単語学習❷

身体の部位

CD 60

● 身体の部位の言い方がわかれば、体調などを伝えるのに役立ちます。まとめて覚えてしまいましょう。

cheveux シュヴ 男 髪
✱ cheveuの複数形。
複数形で使うことが多い。

tête テットゥ 女 頭

œil ウァイユ 男 目
✱ yeux イユ=両目(œilの複数形)

nez ネ 男 鼻

oreille オレイユ 女 耳

dent ダン 女 歯

bouche ブッシュ 女 口

cou ク 男 首

gorge ゴルジュ 女 のど

main マン 女 手

cœur クァール 男 胸

ventre ヴァントゥル 男 腹

dos ド 男 背中

jambe ジャンブ 女 脚

pied ピエ 男 足

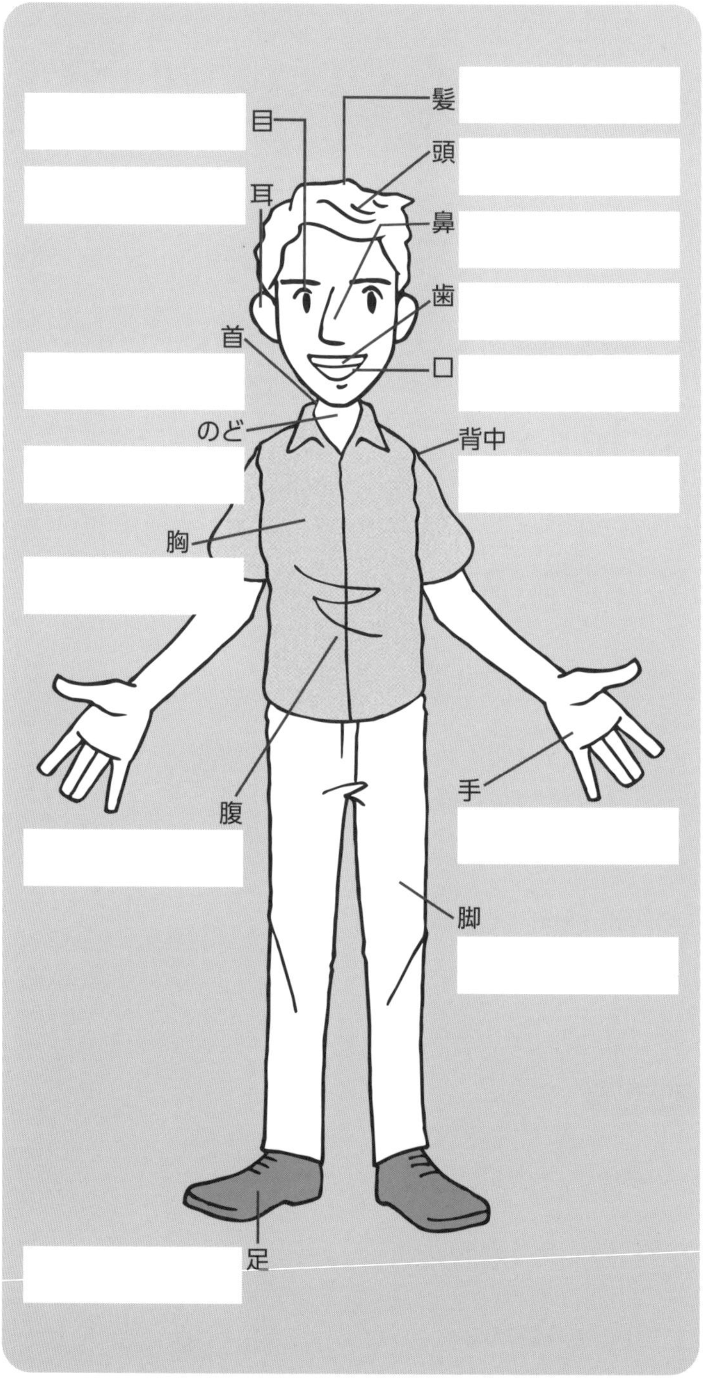

曜日・月

CD 61

●「～曜日に」と言うときには、前置詞はつけません。

lundi	ランディ	男	月曜日	lundi	
mardi	マルディ	男	火曜日	mardi	
mercredi	メルクルディ	男	水曜日	mercredi	
jeudi	ジュディ	男	木曜日	jeudi	
vendredi	ヴァンドゥルディ	男	金曜日	vendredi	
samedi	サムディ	男	土曜日	samedi	
dimanche	ディマンシュ	男	日曜日	dimanche	

●「～月に」と言うときには、前置詞enを月の前に置きます。

janvier	ジャンヴィエ	男	1月	janvier	
février	フェヴリエ	男	2月	fevrier	
mars	マルス	男	3月	mars	
avril	アヴリル	男	4月	avril	
mai	メ	男	5月	mai	
juin	ジュアン	男	6月	juin	
juillet	ジュイエ	男	7月	juillet	
août	ウットゥ	男	8月	août	
septembre	セプタンブル	男	9月	septembre	
octobre	オクトブル	男	10月	octobre	
novembre	ノヴァンブル	男	11月	novembre	
décembre	デサンブル	男	12月	décembre	

Leçon 18

～しようか？〔代名詞 on〕

CD 62

(私たちは) レストランに 行こうか？

On《オン》 va《ヴァ》 au《オ》 restaurant《レストラン》?

学習のポイント 「私たち」を表す on

話し言葉で nous の代わりによく用いられる代名詞が on《オン》です。on に続く動詞は il や elle と同じ３人称単数形です。日常生活でとてもよく使われるので、ぜひ覚えておきましょう。

▶例 私たちは 駅を 探しています。

On《オン》 cherche《シェルシュ》 la《ラ》 gare《ガール》.

疑問文にすると「～しませんか？」という提案を表せます。

▶例 (私たちは) 私の家に 行く？

On《オン》 va《ヴァ》 chez《シェ》 moi《ムワ》?

ココに注意！
前置詞 chez のあとなので、「私」は強勢形になります（Leçon 14 参照）

on や aller とともによく用いられている表現を覚えましょう。

▶例 行こうか？

On y《オニ》 va《ヴァ》?

書いてみよう！

前置詞のあとに続く場所の単語に注意を払いましょう。

❶ （私たちは） カフェテリアに 行く？

On《オン》 **va**《ヴァ》 **à**《ア》 **la**《ラ》 **cafétéria**《カフェテリア》 **?**

❷ （私たちは） 帰ろうか？

On《オン》 **rentre**《ラントゥル》 **?**

❸ （私たちは） どこに 行こうか？

On《オン》 **va**《ヴァ》 **où**《ウ》 **?**

＊疑問詞 où は「どこに、どこへ」を表します。Tu es où?（君はどこにいるの？）などのように使います。

単語帳

gare《ガール》	女	駅
chez《シェ》	前	～のところへ（で）
y aller《イアレ》		立ち去る
cafétéria《カフェテリア》	女	カフェテリア
rentrer《ラントゥル》	動	帰る
où《ウ》	疑	どこに（へ）

あわせて覚えよう（場所）

cinéma《スィネマ》	男	映画館
parc《パルク》	男	公園
hôtel《オテル》	男	ホテル
maison《メゾン》	女	家
poste《ポストゥ》	女	郵便局
arrêt《アレ》	男	バス停
toilettes《トワレットゥ》	女 複	トイレ

Leçon 19 これから～します／～したところです〔近接未来と近接過去〕 CD 63

（私は） 今晩 歌います。

Je《ジュ》 **vais**《ヴェ》 **chanter**《シャンテ》 **ce**《ス》 **soir**《スワール》**.**

（私は） 今歌ったところです。

Je《ジュ》 **viens**《ヴィヤン》 **de**《ドゥ》 **chanter**《シャンテ》**.**

学習のポイント aller と venir で近い未来と過去を表す

動詞aller「行く」の現在形（Leçon 17参照）＋動詞の原形で、「～しようとしている」という実現性の高い未来を表します。

▶例 私たちは 今週末 引っ越しします。

Nous allons《ヌザロン》 déménager《デメナジェ》 ce《ス》 week-end《ウィケンドゥ》.

aller＋動詞の原形で、「～しに行く」を表すこともあります。

▶例 （私たちは） 居酒屋に 飲みに行こう！

On《オン》 **va**《ヴァ》 **boire**《ヴワール》 au《オ》 bistrot《ビストゥロ》!

動詞venir「来る」の現在形（Leçon 7参照）＋de＋動詞の原形で、「～したところだ」という近い過去を表します。

▶例 （私は） 食べたところだよ。

Je《ジュ》 viens《ヴィヤン》 de《ドゥ》 manger《マンジェ》.

ココに注意！
2つの動詞の間にdeが入ります

書いてみよう！

主語に合わせて aller と venir を活用しましょう。

❶ 私たちは　ルーヴル美術館を　訪れる予定です。

Nous allons《ヌザロン》 **visiter**《ヴィズィテ》 **le**《ル》 **Louvre**《ルーヴル》**.**

❷ バスが　着くよ！

Le《ル》 **bus**《ビュス》 **va**《ヴァ》 **arriver**《アリヴェ》 **!**

❸ （私は）　昨日　帰ってきたところです。

Je《ジュ》 **viens**《ヴィヤン》 **de**《ドゥ》 **rentrer**《ラントゥレ》 **hier**《イェール》**.**

単語帳

chanter《シャンテ》　動 歌う
soir《スワール》　男 晩
déménager《デメナジェ》　動 引っ越しする
boire《ヴワール》　動 飲む
bistrot《ビストゥロ》　男 居酒屋
manger《マンジェ》　動 食べる
visiter《ヴィズィテ》　動 訪れる
Louvre《ルーヴル》　固有 男 ルーヴル美術館
arriver《アリヴェ》　動 着く

Leçon 20 買い物をします 〔不規則動詞faire〕

CD 64

（私は） 今日 買い物をします。

Je《ジュ》 **fais**《フェ》 **les**《レ》 **courses**《クルス》 **aujourd'hui**《オジュルデュイ》**.**

学習のポイント 不規則動詞 faire の活用

動詞faire「する」は、nous以下の活用が不規則です。第１語幹はfai-ですが、第２語幹のfais-を使うのはnousだけで、音も不規則です。主語にvousとils/ellesをとる際の形にも注意しましょう。

faire《フェール》 **「する」の活用**

私は	**je**《ジュ》 **fais**《フェ》	私たちは	**nous**《ヌ》 **faisons**《フゾン》
君は	**tu**《テュ》 **fais**《フェ》	君たちは／あなた（たち）は	**vous**《ヴ》 **faites**《フェットゥ》
彼は	**il**《イル》 **fait**《フェ》	彼らは	**ils**《イル》 **font**《フォン》
彼女は	**elle**《エル》 **fait**《フェ》	彼女らは	**elles**《エル》 **font**《フォン》

ココに注意！ faisons の発音はフェゾンではなくフゾン

faireはさまざまな名詞とともに「〜する」という表現をつくる大切な動詞です。

▶例 君は 今日 皿洗いをする？

Tu《テュ》 fais《フェ》 la《ラ》 vaisselle《ヴェッセル》 aujourd'hui《オジュルデュイ》 ?

◎qu'est-ce queは文頭で「何を」として用いることができます。

▶例 （あなたは） 明日 何を しますか？

Qu'est-ce que《ケ ス ク》 vous《ヴ》 faites《フェットゥ》 demain《ドゥマン》 ?

✱ Qu'est-ce que c'est?《ケスクセ》（これは何ですか？）のように、述語の「何」としても使えます。

書いてみよう！

faireとともに使う冠詞にも注意しましょう。

❶ （私たちは） 明日 買い物をしましょうか？

On《オン》 fait《フェ》 du《デュ》 shopping《ショピン》 demain《ドゥマン》 ?

＊ shoppingは楽しみのための買い物を指します。

❷ （あなたは） スポーツを しますか？

Vous《ヴ》 faites《フェットゥ》 du《デュ》 sport《スポール》 ?

＊ sportは数えない名詞です。

❸ 彼女は 今 掃除をしています。

Elle《エル》 fait《フェ》 le《ル》 ménage《メナージュ》 maintenant《マントゥナン》 .

単語帳

- **faire** フェール 動 する
- **courses** クルス 女 （複数形で）買い物
- **vaisselle** ヴェッセル 女 皿洗い
- **qu'est-ce que** ケス ク 何（を）
- **shopping** ショピン 男 （楽しみの）買い物
- **sport** スポール 男 スポーツ
- **ménage** メナージュ 男 掃除

Leçon 21 いい天気です 〔形式主語il①〕

CD 65

今日は いい天気です。

Il《イル》 fait《フェ》 beau《ボ》 aujourd'hui《オジュルデュイ》.

学習のポイント　ilを使って天気を表現

英語のitと同様、フランス語のilは形式的な主語として用いられます。il faitに形容詞（男性単数形）を続けると、天候を表すことができます。

▶例　今日は 暑いです。

Il《イル》 fait《フェ》 chaud《ショ》 aujourd'hui《オジュルデュイ》.

ilのあとにほかの動詞を用いる表現もあります。

▶例　雨が降っています。

Il《イル》 pleut《プル》.

avoirを用いた表現Il y a「～がある」も天気を表すのに使えます。

▶例　風がある。

Il《イル》 y a《ヤ》 du《デュ》 vent《ヴァン》.

霧が出ている。

Il《イル》 y a《ヤ》 de《ドゥ》 la《ラ》 brume《ブリュム》.

ココに注意！
風や霧のように数えられないものには部分冠詞du、de laを使います

書いてみよう！

il をいろいろな動詞と一緒に使えるようになりましょう。

❶ 今朝は 寒いです。

Il《イル》 fait《フェ》 froid《フロワ》 ce《ス》 matin《マタン》.

❷ ここは たくさん 雪が降ります。

Il《イル》 neige《ネージュ》 beaucoup《ボク》 ici《イスィ》.

❸ 雲があります（曇っています）。

Il《イル》 y a《ヤ》 des《デ》 nuages《ニュアージュ》.

単語帳

chaud(e)	ショ（ドゥ）	形	暑い
pleuvoir	プルヴワール	動	雨が降る
vent	ヴァン	男	風
brume	ブリュム	女	（薄い）霧
froid(e)	フルワ（ドゥ）	形	寒い
matin	マタン	男	朝
neiger	ネジェ	動	雪が降る
beaucoup	ボク	副	たくさん
ici	イスィ	副	ここで、ここに
nuage	ニュアージュ	男	雲

Leçon 22 今6時です 〔形式主語il②〕

CD 66

今　6時です。

Il est《イレ》 six heures《スィズァール》 maintenant《マントゥナン》.

学習のポイント　ilを使って時間を表現

英語同様、形式主語のilをêtreとともに用いて、時間について話すことができます。「〜時です」という場合には、Il estに、数字と「〜時」を表すheure(s)を続けます。

▶例　2時20分です。

Il est《イレ》 deux heures《ドゥズァール》 vingt《ヴァン》.

ココに注意！
heure(s) に続ける数字は分を表します

さまざまな時間の表現を学びましょう。

▶例　Il est《イレ》 deux heures et《ドゥズァーレ》 demie《ドゥミ》.　2時半です。

Il est《イレ》 deux heures et《ドゥズァーレ》 quart《カール》.　2時15分です。

Il est《イレ》 deux heures《ドゥズァール》 moins《モワン》 le《ル》 quart《カール》.　1時45分（2時15分前）です。

◎時刻をたずねるには、疑問詞quelle「どの、何の」を使います。年齢をたずねるときは、男性名詞のâge（年齢）に合わせて男性形quelを使いますが、ここでは女性名詞のheure（時間）に合わせて女性形となります。

▶例　今、何時ですか？

Il est《イレ》 **quelle** heure《ケルァール》 maintenant《マントゥナン》?

書いてみよう！

heure(s) は、語頭の h を発音しないので気をつけましょう。

❶ 何時ですか？

Il est《イレ》 quelle heure《ケルアール》 ?

❷ 1時です。

Il est《イレ》 une heure《ユヌァール》 .

＊数では1にだけ女性形があります。

❸ 5時半です。

Il est《イレ》 cinq heures et《サンクァーレ》 demie《ドゥミ》 .

単語帳

heure《ウァール》 女 時間
demi(e)《ドゥミ》 形 半分の
quart《カール》 名 15分
moins《モワン》 前 ～だけ少ない

Leçon 23

彼女を知っています〔直接目的語代名詞〕

CD 67

あなたは 彼女を 知っていますか？

Vous《ヴ》 la《ラ》 connaissez《コネセ》?

学習のポイント 「～を」の役割をする代名詞

日本語の「～を」にあたる代名詞を学びましょう。

	～は	～を		～は	～を
私	**je**《ジュ》	**me (m')**《ム》	私たち	**nous**《ヌ》	**nous**《ヌ》
君	**tu**《テュ》	**te (t')**《トゥ》	君たち／あなた（たち）	**vous**《ヴ》	**vous**《ヴ》
彼	**il**《イル》	**le (l')**《ル》	彼ら	**ils**《イル》	**les**《レ》
彼女	**elle**《エル》	**la (l')**《ラ》	彼女ら	**elles**《エル》	**les**《レ》

「～を」の代名詞では、me、te に加え、le、la でも母音の前でエリジオンが起きます。また「彼らを」「彼女らを」は同じ les になります。

目的語になる名詞は、英語と同じく動詞のあとに置かれますが、代名詞の場合は、日本語のように動詞の前に来ることに注意しましょう。

▶例　あなたは ヴァンサンを 知っていますか？

Vous《ヴ》 connaissez《コネセ》 Vincent《ヴァンサン》?

はい、私は 彼を 知っています。

Oui《ウィ》, je《ジュ》 le《ル》 connais《コネ》.

いいえ、私は 彼を 知りません。

Non《ノン》, je《ジュ》 **ne**《ヌ》 le《ル》 connais《コネ》 **pas**《パ》.

＊ connaître は2語幹動詞です（活用は p.109 参照）。

書いてみよう！

語幹の形と音のつながりに注意しましょう。

❶ （君は） 私を 知ってるの？

Tu《テュ》 me《ム》 connais《コネ》 ?

❷ あなたは クレールを 知っていますか？

Vous《ヴ》 connaissez《コネセ》 Claire《クレール》 ?

❸ はい、（私は） （彼女を） とてもよく 知っています。

Oui《ウィ》 , je《ジュ》 la《ラ》 connais《コネ》 très《トゥレ》 bien《ビヤン》 .

単語帳

connaître《コネートゥル》 動 知っている
très《トゥレ》 副 とても

Leçon 24 君に電話する 〔間接目的語代名詞〕

CD 68

（僕は） 今晩 （君に） 電話するね。

Je《ジュ》 te《トゥ》 téléphone《テレフォンヌ》 ce《ス》 soir《スワール》.

学習のポイント 「〜に」の役割をする代名詞

日本語の「〜に」にあたる代名詞を学びましょう。

	〜は	〜に		〜は	〜に
私	**je**《ジュ》	**me (m')**《ム》	私たち	**nous**《ヌ》	**nous**《ヌ》
君	**tu**《テュ》	**te (t')**《トゥ》	君たち／あなた（たち）	**vous**《ヴ》	**vous**《ヴ》
彼	**il**《イル》	**lui**《リュイ》	彼ら	**ils**《イル》	**leur**《ルァール》
彼女	**elle**《エル》	**lui**《リュイ》	彼女ら	**elles**《エル》	**leur**《ルァール》

「私に」「君に」のme、teは母音の前でエリジオンが起きてm'、t'となること、「彼に」「彼女に」は同じluiになることに注意しましょう。

◎人の名前などの名詞は英語と同じく動詞のあとに置かれますが、代名詞は日本語のように動詞の前に来ることに注意しましょう。また否定文ではneの方が先になります。

▶例 あなたは マリーに 電話しますか？

Vous《ヴ》 téléphonez《テレフォネ》 à《ア》 Marie《マリ》?

ココに注意！
前置詞àは所属「〜に」、方向「〜へ」のほか、対象「〜に」も表します

はい、私は 彼女に 電話します。

Oui《ウィ》, je《ジュ》 lui《リュイ》 téléphone《テレフォンヌ》.

いいえ、私は 彼女に 電話しません。

Non《ノン》, je《ジュ》 **ne**《ヌ》 lui《リュイ》 téléphone《テレフォンヌ》 **pas**《パ》.

書いてみよう！

代名詞の位置に注意しましょう。

❶ （あなたは） 私に 明日 電話していただけますか？

Vous《ヴ》 me《ム》 téléphonez《テレフォネ》 demain《ドゥマン》 ?

❷ 私は 彼（彼女）に プレゼントを あげます。

Je《ジュ》 lui《リュイ》 donne《ドンヌ》 un《アン》 cadeau《カド》 .

❸ （それは） （あなたに） ご都合いいですか？

Ça《サ》 vous arrange《ヴザランジュ》 ?

単語帳

- **téléphoner** テレフォネ [動] 電話する
- **donner** ドネ [動] 与える、あげる
- **cadeau** カド [男] プレゼント
- **ça** サ [代] それ
- **arranger** アランジェ [動] 都合がつく

▸まとめて単語学習❸

数字③…… 61以上の数字

CD 69

● 61以上の数字については、日本語に比べるとかなり複雑な言い方になるので、注意して覚えましょう。

61～69：「60」(soixante) + 1ケタの数字（61は、60と1の間にet《エ》「と」が入ります）

70～70：「60(と)10」～「60(と)19」（71は、60と11の間にet《エ》「と」が入ります）

80～89：80は「4(かける)20」、81以降は、それに1の位を付け足す

90～99：90は「4(かける)20(と)10」、91以降は足す数字を11、12…、19としていく

61	**soixante et un**《スワサンテアン》	soixante et un	
62	**soixante-deux**《スワサントゥドゥ》	soixante-deux	
69	**soixante-neuf**《スワサントゥヌアフ》	soixante-neuf	
70	**soixante-dix**《スワサントゥディス》	soixante-dix	
71	**soixante et onze**《スワサンテオンズ》	soixante et onze	
79	**soixante-dix-neuf**《スワサントゥディズヌァフ》	soixante-dix-neuf	
80	**quatre-vingts**《カトゥルヴァン》	quatre-vingts	
81	**quatre-vingt-un**《カトゥルヴァンアン》	quatre-vingt-un	
90	**quatre-vingt-dix**《カトゥルヴァンディス》	quatre-vingt-dix	
99	**quatre-vingt-dix-neuf**《カトルヴァンディズヌァフ》	quatre-vingt-dix-neuf	
100	**cent**《サン》	cent	
101	**cent un**《サンアン》	cent un	
200	**deux cents**《ドゥサン》	deux cents	

1000 **mille**《ミル》

mille

1995 **mille neuf cent quatre-vingt-quinze**《ミルヌアフサンカトゥルヴァンカンズ》

mille neuf cent quatre-vingt-quinze

2024 **deux mille vingt-quatre**《ドゥミルヴァントゥカトル》

deux mille vingt-quatre

数字にかかわる言い方

CD 70

▶ いくら　ですか？

C'est《セ》 combien《コンビヤン》 ?

98　ユーロ　です。

Quatre-vingt-dix-huit euros《カトゥルヴァンディズユイトゥロ》 .

▶ 君の誕生日は　いつ？

C'est《セ》 quand《カン》 , ton anniversaire《トナニヴェルセール》 ?

7月　26日　だよ。

Le《ル》 vingt-six《ヴァントゥスィ》 juillet《ジュイエ》 .

✱日付はle→日→月の順。six、dixは次の語が子音で始まる場合はスィ、ディと発音します。

▶ あなたの　電話番号は　何ですか？

Quel est《ケレ》 votre《ヴォトゥル》 numéro《ニュメロ》 de《ドゥ》 téléphone《テレフォンヌ》 ?

04　23　54　71　95　です。

C'est《セ》 le《ル》 zéro《ゼロ》 quatre《カトゥル》 , vingt-trois《ヴァントゥトゥルワ》 , cinquante-quatre《サンカントゥカトゥル》 , soixante et onze《スワサンテオンズ》 , quatre-vingt-quinze《カトゥルヴァンカンズ》 .

✱電話番号は2桁ずつ区切って読みます。

単語帳

combien《コンビヤン》 疑 どれだけ

quand《カン》 疑 いつ

anniversaire《アニヴェルセール》 男 誕生日

numéro《ニュメロ》 男 番号

téléphone《テレフォンヌ》 男 電話

Leçon 25

私は寝ます 〔代名動詞〕

CD 71

私は　早く　寝ます。

Je《ジュ》 **me**《ム》 **couche**《クシュ》 **tôt**《ト》.

学習のポイント　代名動詞の活用

動詞の中には、前に「～自身」を意味する短い代名詞を伴うものがあります。これを代名動詞といいます。たとえば、coucher《クシェ》「寝かせる」は、代名詞を用いることで「自身を寝かせる」、つまり「寝る」という意味になるという仕組みです。動詞の前に置くそれらの代名詞は主語に従って形を変えます。

se coucher《スクシェ》「寝る」の活用

私は	**je**《ジュ》 **me**《ム》 **couche**《クッシュ》	私たちは	**nous**《ヌ》 **nous**《ヌ》 **couchons**《クション》
君は	**tu**《テュ》 **te**《トゥ》 **couches**《クッシュ》	君たちは／あなた(たち)は	**vous**《ヴ》 **vous**《ヴ》 **couchez**《クシェ》
彼は	**il**《イル》 **se**《ス》 **couche**《クッシュ》	彼らは	**ils**《イル》 **se**《ス》 **couchent**《クッシュ》
彼女は	**elle**《エル》 **se**《ス》 **couche**《クッシュ》	彼女らは	**elles**《エル》 **se**《ス》 **couchent**《クッシュ》

ココに注意！
se は il/elle, ils/elles、そして原形にも用いられます

否定するときには、動詞の前の代名詞ごと、ne…pasではさみます。

▶例　彼女は　遅くには起きない。

Elle《エル》 **ne**《ヌ》 se《ス》 lève《レーヴ》 **pas**《パ》 tard《タール》.

◎主語が複数のときは、代名動詞は「～し合う」の意味にも使われます。

▶例　私たちは　昔から　お互いを知っています。

Nous《ヌ》 **nous**《ヌ》 connaissons《コネソン》 depuis《デュピュイ》 longtemps《ロンタン》.

書いてみよう！

動詞の前の代名詞が形を変えることに注意しましょう。

❶ 私は　7時に　起きます。

Je《ジェ》 me《ム》 lève《レーヴ》 à《ア》 sept heures《セトゥアール》.

＊ nous、vous 以外の場合、語幹は変則的に lèv- になります。

❷ あなたは　何という　お名前ですか？

Comment《コマン》 vous《ヴ》 vous appelez《ヴザプレ》?

＊ s'appeler ～は、「自身を～と呼ぶ」がもともとの意味です。

❸ 私は　フィリップ　という名前です。

Je《ジュ》 m'appelle《マペル》 Philippe《フィリップ》.

＊ nous、vous 以外の場合、語幹は変則的に appell- になります。

単語帳

se coucher スクシェ　動 寝る
tôt ト　副 早く
se lever スルヴェ　動 起きる
tard タール　副 遅く
depuis ドゥピュイ　副 ～以来
longtemps ロンタン　副 長い間
comment コマン　副 どのように
s'appeler サプレ　動 ～という名前である

Leçon 26 ～しなさい 〔命令形〕

CD 72

私と 来て！

Viens《ヴィヤン》 **avec**《アヴェック》 **moi**《ムワ》 !

学習のポイント 命令形のつくり方

命令形はtu、vousに続く形の動詞を主語なしでそのまま用います。nousに続く形の動詞なら「～しよう」の意味になります。

▶例　君は　よく　働く。

Tu《テュ》 travailles《トゥラヴァイユ》 bien《ビヤン》. → Travaille《トゥラヴァイユ》 bien《ビヤン》!

よく　働きなさい！

ココに注意！
tuが主語のとき、1語幹動詞とallerは末尾のsを取ります

◎目的語の代名詞は「-」でつないで動詞に続けます。

▶例　彼女（の言うこと）　を聞いて！

Écoute《エクットゥ》-**la**《ラ》 !

私、君（自身）のme、teはそれぞれmoi、toiに変え、動詞のあとに移動します。

▶例　私を起こして！

Lève《レーヴ》-**moi**《ムワ》!

起きて！＝君自身を起こして！

Lève《レーヴ》-**toi**《トゥワ》!

ただし、否定の命令では、普通の語順に戻ります。

▶例　私を起こさないで！

Ne《ヌ》 me《ム》 lève《レーヴ》 **pas**《パ》!

起きないで！＝君自身を起こさないで！

Ne《ヌ》 te《トゥ》 lève《レーヴ》 **pas**《パ》!

ココに注意！
nousとvousは目的語になっても形を変えません

書いてみよう！

命令形のあとに s'il vous/te plaît をつけると、ていねいな言い方になります。

❶ 去らないでください。＝（電話口で）お待ちください。

Ne《ヌ》 quittez《キテ》 pas《パ》 .

❷ 一緒に　行きましょう。

Allons《アロン》 ensemble《アンサンブル》 .

＊ nous の形の命令は「〜しよう」になるのでしたね。

❸ 早く　寝なさい！

Couche《クッシュ》-toi《トワ》 vite《ヴィットゥ》 !

＊ coucher は 1 語幹動詞なので、語末の s を取ります。

単語帳

avec アヴェック	前	〜と一緒に
travailler トゥラヴァイエ	動	働く
écouter エクテ	動	聞く
quitter キテ	動	去る
ensemble アンサンブル	副	一緒に
vite ヴィットゥ	副	早く

Leçon 27 ～しました① 〔複合過去（助動詞avoir）〕 CD 73

（君は） 昨日 カラオケで 歌った？

Tu《テュ》 as《ア》 chanté《シャンテ》 au《オ》 karaoké《カラオケ》 hier《イェール》 ?

学習のポイント 過去のことを話す①（助動詞 avoir の複合過去と否定文）

過去に完結したことを述べる場合に用いるのが、**複合過去（＝助動詞avoirまたはêtre＋動詞の過去分詞）**です。複合過去では、多くの動詞が助動詞としてavoirを伴います（助動詞êtreについてはLeçon 28）。動詞の過去分詞のつくり方は、①**規則的なもの**と②**不規則なもの**があります。

動詞の過去分詞

①規則的なもの

er 動詞　原形の –er を -é に　aimer《エメ》（愛する）→ aimé《エメ》

ir 動詞　原形の –r を取る　finir《フィニール》（終える）→ fini《フィニ》

②不規則なもの

connaître《コネートゥル》（知る）→ connu《コニュ》

vouloir《ヴルワール》（欲する）→ voulu《ヴリュ》

conduire《コンデュイール》（運転する）→ conduit《コンデュイ》

être《エートゥル》（～である）→ été《エテ》

pouvoir《プヴワール》（～できる）→ pu《ピュ》

faire《フェール》（する）→ fait《フェ》

prendre《プランドゥル》（取る）→ pris《プリ》

avoir《アヴワール》（持つ）→ eu《ユ》

ココに注意！ eu は 例外的に u の音 [y] で読みます

◎否定文は、助動詞の部分をne…pasではさんでつくります。

▶例　（君は） 皿洗いを しなかったの？

Tu《テュ》 **n'as《ナ》 pas《パ》** fait《フェ》 la《ラ》 vaisselle《ヴェセル》 ?

書いてみよう！

過去分詞のつくり方を覚えておきましょう。

❶ 私は　赤いスカートを　選びました。

J'ai《ジェ》 choisi《シュワズィ》 une《ユヌ》 jupe《ジュップ》 rouge《ルージュ》.

❷ （君は）　夕食は　とった？

Tu《テュ》 as《ア》 pris《プリ》 ton《トン》 dîner《ディネ》?

❸ 私の娘は　20年を　持ちました＝20歳になりました。

Ma《マ》 fille《フィーユ》 a《ア》 eu《ユ》 vingt ans《ヴァンタン》.

単語帳

karaoké カラオケ　男 カラオケ
dîner ディネ　男 夕食
fille フィーユ　女 娘

あわせて覚えよう（食事）

déjeuner デジュネ　男 昼食
petit déjeuner プティ デジュネ　男 朝食
repas ロパ　男 食事
goûter グテ　男 おやつ
dessert デセール　男 デザート

Leçon 28 ～しました②

〔複合過去（助動詞être)〕 CD 74

私は 昨日 映画館に 行きました。

Je《ジュ》 suis《スュイ》 allé《アレ》 au《オ》 cinéma《スィネマ》 hier《イェール》.

学習のポイント 過去のことを話す②（助動詞 être の複合過去）

avoir でなく être を助動詞に伴って**複合過去**をつくるのは、移動や状態の変化を表す次のような動詞だけです。対の動作として、ペアで覚えましょう。

- aller《アレ》（行く）⇔ venir《ヴニール》（来る）
- partir《パルティール》（出発する）⇔ arriver《アリヴェ》（到着する）
- sortir《ソルティール》（出る）⇔ entrer《アントゥレ》（入る）
- naître《ネートゥル》（生まれる）⇔ mourir《ムリール》（死ぬ）

être が助動詞のとき、過去分詞は、主語の性・数に一致します。女性形は男性形に -e をつけ、複数形は単数形に -s をつけてつくります。

▶例

彼は 日本から 来ました。

Il est《イレ》 venu《ヴヌ》 du《デュ》 Japon《ジャポン》.

彼らは フランスから 来ました。

Ils《イル》 sont《ソン》 venus《ヴヌ》 de《ドゥ》 France《フランス》.

彼女は 日本から 来ました。

Elle est《エレ》 venue《ヴニュ》 du《デュ》 Japon《ジャポン》.

彼女らは フランスから 来ました。

Elles《エル》 sont《ソン》 venues《ヴニュ》 de《ドゥ》 France《フランス》.

書いてみよう!

être が助動詞のとき、過去分詞は主語の性・数に一致することを忘れずに。

❶ 僕は　春に　着きました。

Je《ジュ》 suis《スュイ》 arrivé《アリヴェ》 au《オ》 printemps《プランタン》.

❷ 私(女性)は　夏に　生まれました。

Je《ジュ》 suis《スュイ》 née《ネ》 en été《アンネテ》.

＊「春に」は au printemps ですが夏・秋・冬は en を用います。

❸ 私たち(女性)は　一緒に　来ました。

Nous《ヌ》 sommes《ソンム》 venues《ヴェニュ》 ensemble《アンサンブル》.

単語帳

entrer アントゥレ　動 入る
naître ネートゥル　動 生まれる
mourir ムリール　動 死ぬ
printemps プランタン　男 春
été エテ　男 夏

あわせて覚えよう(季節)

automne オトンヌ　男 秋
hiver イヴェール　男 冬

Leçon 29

～する予定です〔単純未来〕

CD 75

私は　今週末　出発する予定です。

Je《ジュ》 **partirai**《パルティレ》 **ce**《ス》 **week-end**《ウィケンドゥ》**.**

学習のポイント　未来について述べる単純未来

未来の予定や予想について述べるときには**単純未来**の形を用います。「単純」と呼ぶのは、複合形でなく１語で成り立つためです。語幹と活用語尾に分けてつくりかたを学びましょう。

単純未来の語幹

①規則的なもの

原形から語末の -r を取る　aimer《エメ》 → aime-《エム》　partir《パルティール》 → parti-《パルティ》

原形から語末の -re を取る　prendre《プランドゥル》 → prend-《プランドゥ》

②不規則なもの

原形とまったく違うものが多いので注意しましょう。

être《エートゥル》 → se-《ス》　avoir《アヴワール》 → au-《オ》　aller《アレ》 → i-《イ》　faire《フェール》 → fe-《フ》

venir《ヴニール》 → viend-《ヴィヤンドゥ》　vouloir《ヴルワール》 → voud-《ヴドゥ》　pouvoir《プヴワール》 → pour-《プル》

単純未来の語尾

je《ジュ》 **partirai**《パルティレ》	**nous**《ヌ》 **partirons**《パルティロン》
tu《テュ》 **partiras**《パルティラ》	**vous**《ヴ》 **partirez**《パルティレ》
il《イル》 **/elle**《エル》 **partira**《パルティラ》	**ils**《イル》**/elles**《エル》 **partiront**《パルティロン》

ココに注意！
nous と vous 以外は r+avoir 現在、
nous と vous は r+ 現在語尾です

◎未来形を使って軽い命令を表すこともできます。

▶例　（君は）　明日　出発するんだよ。

Tu《テュ》 **partiras**《パルティラ》 demain《ドゥマン》.

書いてみよう！

単純過去が使えると会話の幅が広がります。

❶ (君は) 6月に フランスに いる予定？

Tu《テュ》 seras《スラ》 en《アン》 France《フランス》 en《アン》 juin《ジュアン》?

＊ étre の未来語幹 se- に tu の未来語尾 -ras をつなげます。

❷ 私の息子は 10月に 5歳に なります。

Mon《モン》 fils《フィス》 aura《オラ》 cinq ans《サンカン》 en octobre《アノクトーブル》.

＊ avoir の未来語幹 au- に il の未来語尾 -ra をつなげます。

❸ 明日は よい天気 でしょう。

Il《イル》 fera《フラ》 beau《ボ》 demain《ドゥマン》.

＊ faire の未来語幹 fe- に il の未来語尾 -ra をつなげます。

単語帳

fils フィス　男 息子

あわせて覚えよう（家族）

parents パラン　男 複 両親
grand-père グランペール　男 祖父
grand-mère グランメール　女 祖母
oncle オンクル　男 おじ
tante タントゥ　女 おば

＊ p.65 も参照ください。

Leçon 30 ～したいのですが 〔条件法〕

CD 76

（私は） 円を 両替したいのですが。

Je《ジュ》 **voudrais**《ヴドゥレ》 **changer**《シャンジェ》 **des**《デ》 **yens**《イェン》.

学習のポイント ていねいな言い方の条件法

日本語では、何かを頼むときに「～したいのですが」と言いますが、フランス語にも語気を弱めたていねいな言い方があります。そのようなときに使われる動詞の形が**条件法**です。

よく使われるvouloirの条件法の活用を、語幹と活用語尾に分けて学びましょう。条件法の語幹は前の課で学んだ未来形の語幹と同じです。条件法の活用語尾は、下記のとおりです。

vouloir《ヴルワール》 **「～がほしい、～したい」の活用**

私は	je《ジュ》 **voudrais**《ヴドゥレ》	私たちは	nous《ヌ》 **voudrions**《ヴドゥリオン》
君は	tu《テュ》 **voudrais**《ヴドゥレ》	君たちは／あなた（たち）は	vous《ヴ》 **voudriez**《ヴドゥリエ》
彼は	il《イル》 **voudrait**《ヴドゥレ》	彼らは	ils《イル》 **voudraient**《ヴドゥレ》
彼女は	elle《エル》 **voudrait**《ヴドゥレ》	彼女らは	elles《エル》 **voudraient**《ヴドゥレ》

◎aimerの条件法はvouloirの場合に比べて「もし可能なら」という願望の意味合いが強くなります。

▶例 （私は） フランス人と 出会えたらいいな。

J'**aimerais**《ジェムレ》 rencontrer《ランコントゥレ》 des《デ》 Français《フランセ》.

条件法の動詞につなげる動詞には原形を用います。

書いてみよう！

vouloir の条件法はよく使うので必ず覚えましょう。

❶ (私は)　小包を　送りたいのですが。

Je《ジュ》 voudrais《ヴドゥレ》 envoyer《アンヴワイエ》 un《アン》 colis《コリ》.

❷ (私は)　席を２つ　予約したいのですが。

Je《ジュ》 voudrais《ヴドゥレ》 réserver《レゼルヴェ》 deux《ドゥ》 places《プラス》.

❸ (私は)　フランスに　旅行したいな。

J'aimerais《ジェムレ》 voyager《ヴワヤジェ》 en《アン》 France《フランス》.

単語帳

changer シャンジェ　動 変える
yen イェン　男 円
rencontrer ランコントゥレ　動 出会う
envoyer アンヴォワイエ　動 送る
colis コリ　男 小包
réserver レゼルヴェ　動 予約する
place プラス　女 席
voyager ヴワヤジェ　動 旅行する

Partie 2 復習エクササイズ

1. ［　　　］内から適当な語を選び、各文を完成させましょう。

1 ________ croissant, s'il vous plaît. クロワッサンをお願いします。

2 ________ olives, s'il vous plaît. オリーブをお願いします。

3 ________ baguette, s'il vous plaît. バゲットをお願いします。

4 ________ carte, s'il vous plaît. メニューをお願いします。

5 Je prends ________ glace. 私はアイスクリームをもらいます。

6 Il y a ________ vent. 風があります。

un, une, le, la, de la, des, les, du ※文頭に入る語も語頭が小文字になっています。

2. 主語の性と数に注意して、［　　　］内から適当な形を選び、各文を完成させましょう。

1 Elle est ____________________.

2 Ils sont ____________________.

3 Il est ____________________.

4 Elles sont ____________________.

charmant, charmante, charmants, charmantes

3. ______に入れるのに最も適当な形を①〜③から選びましょう。

1 **Je _____ étudiante.** 私は学生です。
①est ②suis ③sommes

2 **J'_____ une sœur.** 姉（妹）が1人います。
①as ②a ③ai

3 **Tu _____ le fromage?** チーズは好き？
①aimez ②aimes ③aiment

4 **Vous _____ à trois heures?** あなたは3時に出発しますか？
①pars ②partez ③ partons

5 **Je _____ à Paris.** 私はパリに行きます。
①vas ②va ③vais

6 **Vous _____ d'où?** あなたはどこから来ていますか？
①viens ②venez ③venons

7 **Je _____ _____ tard.** 私は遅くに寝ます。
①me couche ②vous couchez ③se couche

8 **Tu _____ _____ ton déjeuner?** 昼食はとったの？
①ai pris ②es pris ③as pris

9 **Je _____ _____ à Nice.** 僕はニースに行きました。
①ai allé ②suis allé ③sommes allés

10 **Je _____ changer des euros.** （私は）ユーロを両替したいのですが。
①voudrais ②voudrions ③ voudriez

※正解と解説はp.111をご覧ください。

4. □ 内から適当な語を選び、各文を完成させましょう。

1 **C'est à ____________.** これは私のものです。

2 **C'est ____________ mère.** これは私の母です。

3 **C'est ____________ père.** これは私の父です。

4 **Ce sont ____________ parents.** これは私の両親です。

5 **C'est à ____________?** これはあなたのものですか？

6 **Ce sont ____________ parents?** これはあなたの両親ですか？

vous, ma, moi, vos, mon, mes

5. [　　] 内のうち適当なものを○で囲みましょう。

1 **Elle cherche une jupe [vert, verte].**
彼女は緑のスカートを探しています。

2 **Je connais un [bon, bonne] restaurant.**
私はいいレストランを知っています。

3 **Vous essayez ces chaussures [blancs, blanches]?**
この白い靴を試されますか？

4 **J'aime [ce, cet, cette] robe noire.**
私はこの黒いドレスが好きです。

6. □ 内から適当な語を選び、各文を完成させましょう。

1 **J'habite ____________ Marseille.** 私はマルセイユに住んでいます。

2 **Elle va ____________ France.** 彼女はフランスに行きます。

3 **Tu vas ____________ musée?** 美術館に行くの？

4 **Céline vient ____________ Paris.** セリーヌはパリから来ています。

5 **Je viens ____________ Japon.** 私は日本から来ました。

6 **On va ____________ États-Unis.** 私たちはアメリカに行きます。

des, de, à, aux, au, du, en, à la, de la

7. {　　} 内の語を並べ替えて文を完成させましょう。

1 **Je ______ ______ ______ pressée.** 私は急いでいません。

{ pas, ne, suis }

2 **Tu ________ ________?** 彼女を知っている？

{ connais, la }

3 **Tu ________ ________ ce soir?** 今晩私に電話してくれる？

{ téléphones, me }

4 **______ ______ ______ les courses?** 買い物をするのは好きですか？

{ faire, aimez, vous }

※正解と解説は p.111 をご覧ください。

付録 基本動詞の活用

フランス語の習得には、動詞の活用を覚えることが必要不可欠です。よく使う動詞の活用形は、なるべく早く覚えてしまいましょう。

不規則動詞 CD 77

être エートゥル「～である」

je suis《ジュ スュイ》	nous sommes《ヌ ソンム》
tu es《テュ エ》	vous êtes《ヴゼットゥ》
il est《イレ》	ils sont《イル ソン》
elle est《エレ》	elles sont《エル ソン》

avoir アヴワール「持っている」

j'ai《ジェ》	nous avons《ヌザヴォン》
tu as《テュ ア》	vous avez《ヴザヴェ》
il a《イラ》	ils ont《イルゾン》
elle a《エラ》	elles ont《エルゾン》

faire フェール「する」

je fais《ジュ フェ》	nous faisons《ヌ フゾン》
tu fais《テュ フェ》	vous faites《ヴ フェットゥ》
il fait《イル フェ》	ils font《イル フォン》
elle fait《エル フェ》	elles font《エル フォン》

✱ faisonsはフェソンではなくフゾンと読みます。

aller アレ「行く」

je vais《ジュ ヴェ》	nous allons《ヌザロン》
tu vas《テュ ヴァ》	vous allez《ヴザレ》
il va《イル ヴァ》	ils vont《イル ヴォン》
elle va《エル ヴァ》	elles vont《エル ヴォン》

1語幹動詞 CD 78

aimer エメ「好む、愛する」

j'aime《ジェム》	nous aimons《ヌゼモン》
tu aimes《テュ エム》	vous aimez《ヴゼメ》
il aime《イレム》	ils aiment《イルゼム》
elle aime《エレム》	elles aiment《エルゼム》

manger マンジェ「食べる」

je mange《ジュ マンジェ》	nous mangeons《ヌ マンジョン》
tu manges《テュ マンジュ》	vous mangez《ヴ マンジェ》
il mange《イル マンジュ》	ils mangent《イル マンジュ》
elle mange《エル マンジュ》	elles mangent《エル マンジュ》

✱ nous のときだけ語幹は mange- となります。

se lever スルヴェ「起きる」

je me lève《ジュ ム レーヴ》	nous nous levons《ヌ ヌ ルヴォン》
tu te lèves《テュ トゥ レーヴ》	vous vous levez《ヴ ヴ ルヴェ》
il se lève《イル ス レーヴ》	ils se lèvent《イル ス レーヴ》
elle se lève《エル ス レーヴ》	elles se lèvent《エル ス レーヴ》

s'appeler サプレ「～という名前である」

je m'appelle《ジュ マペル》	nous nous appelons《ヌ ヌザプロン》
tu t'appelles《テュ タペル》	vous vous appelez《ヴ ヴザプレ》
il s'appelle《イル サペル》	ils s'appellent《イル サペル》
elle s'appelle《エル サペル》	elles s'appellent《エル サペル》

2語幹動詞 CD 79

partir《パルティール》「出発する」

je《ジュ》 pars《パール》	nous《ヌ》 partons《パルトン》
tu《テュ》 pars《パール》	vous《ヴ》 partez《パルテ》
il《イル》 part《パール》	ils《イル》 partent《パルトゥ》
elle《エル》 part《パール》	elles《エル》 partent《パルトゥ》

conduire《コンデュイール》「運転する」

je《ジュ》 conduis《コンデュイ》	nous《ヌ》 conduisons《コンデュイゾン》
tu《テュ》 conduis《コンデュイ》	vous《ヴ》 conduisez《コンデュイゼ》
il《イル》 conduit《コンデュイ》	ils《イル》 conduisent《コンデュイーズ》
elle《エル》 conduit《コンデュイ》	elles《エル》 conduisent《コンデュイーズ》

dormir《ドルミール》「眠る」

je《ジュ》 dors《ドール》	nous《ヌ》 dormons《ドルモン》
tu《テュ》 dors《ドール》	vous《ヴ》 dormez《ドルメ》
il《イル》 dort《ドール》	ils《イル》 dorment《ドルム》
elle《エル》 dort《ドール》	elles《エル》 dorment《ドルム》

savoir《サヴワール》「知っている」

je《ジュ》 sais《セ》	nous《ヌ》 savons《サヴォン》
tu《テュ》 sais《セ》	vous《ヴ》 savez《サヴェ》
il《イル》 sait《セ》	ils《イル》 savent《サーヴ》
elle《エル》 sait《セ》	elles《エル》 savent《サーヴ》

choisir《シュワズィール》「選ぶ」

je《ジュ》 choisis《シュワズィ》	nous《ヌ》 choisissons《シュワズィソン》
tu《テュ》 choisis《シュワズィ》	vous《ヴ》 choisissez《シュワズィセ》
il《イル》 choisit《シュワズィ》	ils《イル》 choisissent《シュワズィッス》
elle《エル》 choisit《シュワズィ》	elles《エル》 choisissent《シュワズィッス》

connaître《コネートゥル》「知っている」

je《ジュ》 connais《コネ》	nous《ヌ》 connaissons《コネソン》
tu《テュ》 connais《コネ》	vous《ヴ》 connaissez《コネセ》
il《イル》 connaît《コネ》	ils《イル》 connaissent《コネス》
elle《エル》 connaît《コネ》	elles《エル》 connaissent《コネス》

3語幹動詞 CD 80

venir《ヴニール》「来る」

je《ジュ》 viens《ヴィヤン》	nous《ヌ》 venons《ヴノン》
tu《テュ》 viens《ヴィヤン》	vous《ヴ》 venez《ヴネ》
il《イル》 vient《ヴィヤン》	ils《イル》 viennent《ヴィエンヌ》
elle《エル》 vient《ヴィヤン》	elles《エル》 viennent《ヴィエンヌ》

prendre《プランドゥル》「取る」

je《ジュ》 prends《プラン》	nous《ヌ》 prenons《プルノン》
tu《テュ》 prends《プラン》	vous《ヴ》 prenez《プルネ》
il《イル》 prend《プラン》	ils《イル》 prennent《プレンヌ》
elle《エル》 prend《プラン》	elles《エル》 prennent《プレンヌ》

vouloir《ヴルワール》「〜したい」

je《ジュ》 veux《ヴ》	nous《ヌ》 voulons《ヴロン》
tu《テュ》 veux《ヴ》	vous《ヴ》 voulez《ヴレ》
il《イル》 veut《ヴ》	ils《イル》 veulent《ヴァール》
elle《エル》 veut《ヴ》	elles《エル》 veulent《ヴァール》

pouvoir《プヴワール》「〜できる」

je《ジュ》 peux《プ》	nous《ヌ》 pouvons《プヴォン》
tu《テュ》 peux《プ》	vous《ヴ》 pouvez《プヴェ》
il《イル》 peut《プ》	ils《イル》 peuvent《プァーヴ》
elle《エル》 peut《プ》	elles《エル》 peuvent《プァーヴ》

複合過去・単純未来・条件法現在 CD 81

chanter《シャンテ》「歌う」(複合過去)

j'ai《ジェ》 chanté《シャンテ》	nous avons《ヌザヴォン》 chanté《シャンテ》
tu《テュ》 as《ア》 chanté《シャンテ》	vous avez《ヴザヴェ》 chanté《シャンテ》
il a《イラ》 chanté《シャンテ》	ils ont《イルゾン》 chanté《シャンテ》
elle a《エラ》 chanté《シャンテ》	elles ont《エルゾン》 chanté《シャンテ》

aller《アレ》「行く」(複合過去)

je《ジュ》 suis allé(e)《スユイザレ》	nous《ヌ》 sommes allé(e)s《ソンムザレ》
tu《テュ》 es allé(e)《エザレ》	vous êtes allé(e)(s)《ヴゼトゥザレ》
il est allé《イレタレ》	ils《イル》 sont allés《ソンタレ》
elle est allée《エレタレ》	elles《エル》 sont allées《ソンタレ》

chanter《シャンテ》「歌う」(単純未来)

je《ジュ》 chanterai《シャントゥレ》	nous《ヌ》 chanterons《シャントゥロン》
tu《テュ》 chanteras《シャントゥラ》	vous《ヴ》 chanterez《シャントゥレ》
il《イル》 chantera《シャントゥラ》	ils《イル》 chanteront《シャントゥロン》
elle《エル》 chantera《シャントゥラ》	elles《エル》 chanteront《シャントゥロン》

chanter《シャンテ》「歌う」(条件法現在)

je《ジュ》 chanterais《シャントゥレ》	nous《ヌ》 chanterions《シャントゥリオン》
tu《テュ》 chanterais《シャントゥレ》	vous《ヴ》 chanteriez《シャントゥリエ》
il《イル》 chanterait《シャントゥレ》	ils《イル》 chanteraient《シャントゥレ》
elle《エル》 chanterait《シャントゥレ》	elles《エル》 chanteraient《シャントゥレ》

復習エクササイズの解答

Partie 1 (p.36)

❶ ③：③は舌を前に出す「ユ」、ほかは口をとがらす「ウ」です（☞ p.14）。

❷ ④：④は無音、ほかは広い「エ」です（☞ p.7、16）。

❸ ④：④は [k]、ほかは [s] の音です（☞ p.28）。

❹ ②：②は広い「オ」、ほかは狭い「オ」です（☞ p.18）。

❺ ④：eu または œu は、読む子音字の前では縦に口を広げる音（「ウァ」）、語末・読まない子音字の前では、平たいすき間をつくる音（「ウゥ」）になります（☞ p.18）。

❻ ①：①はあいまいなウに近い音、ほかは広い「エ」です（☞ p.16, 20）。

❼ ③：③は「ユ」、ほかは「ル」の音です（☞ p.24）。

❽ ②：②は「オン」、ほかは口をもっと広く開ける「アン」です（☞ p.22）。

❾ ③：③は [s]、ほかは [k] の音です（☞ p.28）。

❿ ④：④は [k] と読みますが、ほかは読みません（☞ p.7）。

⓫ ③：③は口を縦に開ける「アン」、ほかは横に開ける「アン」です（☞ p.22）。

⓬ ④：④は「ジュ」、ほかはガ行の音です（☞ p.28）。

Partie 2 (p.104～107)

1. ❶ Un ❷ Des ❸ Une ❹ La ❺ de la ❻ du

❷ オリーヴは 1 粒ではないので複数の不定冠詞。❹ そのお店のメニューなので定冠詞。
❺ ❻ ともに数えられないものなので部分冠詞。名詞の男性・女性の別に注意。

2. ❶ charmante ❷ charmants ❸ charmant ❹ charmantes

3. ❶ ② ❷ ③ ❸ ② ❹ ② ❺ ③ ❻ ② ❼ ① ❽ ③ ❾ ② ❿ ①

❾ 正解の Je suis allé は主語が男性の場合（女性が主語なら allée）。

4. ❶ moi ❷ ma ❸ mon ❹ mes ❺ vous ❻ vos

❹ ❻「～ の」を表す語は、続く名詞が複数になると形を変えるので注意。

5. ❶ verte ❷ bon ❸ blanches ❹ cette

❶ 女性単数 ❷ 男性単数 ❸ 女性複数 ❹ 女性単数

6. ❶ à ❷ en ❸ au ❹ de ❺ du ❻ aux

❶ ❹ 都市名・地方名には無冠詞で à や de をつける。❷ 女性名詞の国名の前では「～に」は en。
❺ 国名で男性名詞のとき de「～ から」は冠詞と融合するので注意。à「～に」も同様で au に。
❻ aux = à + les。合衆国は複数形の名詞。

7. ❶ ne suis pas ❷ la connais ❸ me téléphones ❹ Vous aimez faire

❷ ❸ 英語と異なり、「～を」「～に」を表す代名詞は動詞の前に。